***Robert Béné**, dont la famille est rétaise depuis plus de douze générations, a toujours résidé sur l'île de Ré. Dans ce nouveau roman, il met à profit sa connaissance intime et innée des paysages et de la psychologie des insulaires pour livrer un polar à l'excitant parfum de réalisme…*

Une résidence secondaire sur Ré la Blanche

DU MÊME AUTEUR

La Belle Virginie, collection « Terre d'évasion », De Borée, 2003.
Un aller sans retour pour Ré la Blanche, De Borée, 2003.
Fleur du Diable sur Ré la Blanche, De Borée, 2002.
Fleur de sel et flaque de sang sur Ré la Blanche, De Borée, 2001.
Un besoin d'évasion (théâtre).
Dernier bac pour Ré la Blanche, 2000.
Ré la Blanche — Ruelle du puits sans fond, 1999.
Un homme à la mer, 1999, Lauréat prix du conseil général Charente-Maritime.
Pluie de diamants sur Ré la Blanche, 1998.
Terrains à vendre sur Ré la Blanche, 1997.
Pêche de nuit sur Ré la Blanche, 1996.
Série noire sur Ré la Blanche, 1995.

Diffusion : De Borée
53 rue Fernand-Forest, Z.A. de l'Artière, 63540 Romagnat
Achevé d'imprimer en France en avril 2004
Dépôt légal avril 2004
ISBN 2-84494-232-6

Robert Béné

Une résidence secondaire sur Ré la Blanche

De Borée

Une résidence secondaire sur Ré la Blanche *est un roman. Toute ressemblance avec des personnages existant ou ayant existé ne serait que pure coïncidence et ne peut, en aucun cas, engager la responsabilité de l'auteur.*

I

IL ÉTAIT TROIS HEURES DE L'APRÈS-MIDI. De forts éclats de voix s'échappaient des fenêtres ouvertes de l'auberge du Vieux Moulin. Les quelques camionneurs qui s'y étaient arrêtés pour déjeuner avaient repris la route depuis plus d'une heure et les deux représentants étaient repartis aussitôt leur petit café avalé, trop incommodés par le vacarme des huit convives installés à la grande table.

— Marcel ! On crève de soif ! On n'va tout de même pas manger ton calendos en buvant de la flotte ?

L'invective ricocha sur le néon recouvert de chiures de mouches, puis sur un panneau publicitaire « Dubo Dubon Dubonnet » avant de pénétrer dans le conduit auditif de l'intéressé. Ce dernier ne se le fit pas répéter et arriva aussitôt avec quatre bouteilles de « La Cuvée du Patron » : une dans chaque main et une sous chaque bras. C'était un mauvais petit vin dont Marcel avait tout un stock, mais il avait une belle étiquette et l'avantage, aux yeux de ses clients, de peser 12° 5. Sa venue fut saluée d'un « Ah ! » général de satisfaction.

— Ces bouteilles, c'est ma tournée, en l'honneur du départ de Gabriel, lança Marcel en se redressant, l'air grand seigneur.

Cette déclaration fut aussitôt suivie d'un tonnerre d'applaudissements.

— Pour Marcel et pour Gabriel, un double ban ! cria, pour se faire entendre, celle que tous appelaient habituellement mademoiselle Camille, mais qu'ils prénommaient, en cette joyeuse fin de repas, tout simplement Camille. Roger, le rigolo du groupe, s'autorisait même à l'appeler « miss Camomille ».

Derrière ses grosses moustaches et son visage mal rasé, un sourire de satisfaction se dessina sur le visage de Marcel. Il faut dire qu'il les connaissait tous, car tous travaillaient à la minoterie du Vieux Moulin située à cent mètres à peine de son auberge. Tout minuscule à côté de l'énorme bâtiment, son petit resto semblait être avec sa toiture en tôle une annexe de l'entreprise, un peu comme les douches, les pissotières ou le vieux garage à vélos des ouvriers. Pourtant, bien qu'en réalité elle n'en fît pas partie, c'était bien grâce à la minoterie que l'auberge subsitait, avec les routiers et les représentants qui venaient y manger, et grâce aussi au personnel qui ne débauchait jamais sans venir poser un moment le coude sur le zinc, le temps de boire une ou deux tournées.

Pour sa part, Gabriel Ritoux n'en revenait pas de toutes ces marques de franche sympathie qui d'un seul coup déferlaient sur lui. Son visage congestionné, coupé par un large sourire béat, voire un peu niais, n'en était que plus rouge et ses petits yeux bleux, coincés entre ses sourcils blonds et ses pommettes rondes cramoisies, exprimaient autant la joie qu'une certaine incompréhension. Il est vrai que tout ce qu'il avait déjà bu ne facilitait pas, pour l'heure, le bon fonctionnement de sa matière grise qui déjà, en temps normal, ne réagissait pas à grande vitesse.

Mais aujourd'hui, ce n'était pas un jour comme les autres. Lundi prochain, les employés de la minoterie ne trinqueraient plus avec leur collègue, Gabriel Ritoux. Ils ne le verraient plus sous les immenses hangars, dans les grands garages, sous les trémies dévoreuses de grains, à côté des tamis bruyants et générateurs de poussière, en équilibre sur les échelles de fer qui serpentaient tout autour des silos vertigineux. Gabriel et sa courte silhouette trapue qui semblait indissociable d'un balai et d'une pelle, lundi ne seraient plus qu'un souvenir. Monsieur Pierre Poulacre, autoproclamé tout récemment P.-D.G. de la minoterie du Vieux Moulin en avait décidé ainsi à la mort de Clotaire, son père et ancien patron de l'entreprise familiale. Prétextant la conjoncture économique, il licenciait Gabriel Ritoux.

Trois semaines après qu'il eut posé ses fesses dans le confortable fauteuil à roulettes avec dossier et accoudoirs inclinables qui avait remplacé aussitôt la chaise en bois sur laquelle son père prenait rarement le temps de s'asseoir, Pierre Poulacre avait convoqué son personnel, dans la petite salle attenante à celle où l'on entreposait les sacs de jute, tout au fond du couloir. C'était un homme de taille assez grande, surmontée d'une chevelure châtain, abondante et soigneusement ondulée. Elle aurait pu lui donner une allure jeune dans son costume taillé sur mesure, mais un manque d'activité physique et une nonchalance naturelle avaient eu raison de sa musculature au profit d'un début d'embonpoint.

Après s'être efforcé de distribuer des chaleureuses poignées de main à tout l'entourage, il avait pris un air grave pour annoncer :

— Cette année la Chine ne nous a pas renouvelé la commande qu'elle nous passait depuis quatre ans ; quant à notre gros client africain, il ne nous a pas encore réglé les livraisons de la saison dernière et je crains fort qu'il ne nous les règle jamais, tout occupés qu'ils sont, dans son pays, à changer de gouvernement tous les huit jours. D'autre part, nous avions de grands projets avec les pays de l'Est, mais hélas, ils sont tombés à l'eau. Les Américains nous ont enlevé le marché. Je dois donc vous avouer, en toute franchise, que je ne suis pas très optimiste sur l'avenir de la minoterie du Vieux Moulin. Aussi, mes amis, vous m'en voyez profondément désolé, mais pour survivre, il n'y a qu'une solution et croyez-moi, j'ai longuement réfléchi avant de prendre cette décision : il nous faut absolument réduire les dépenses. Nous allons devoir effectuer des coupes sombres afin d'assurer la pérennité de notre maison et celle de vos emplois. Nous n'achèterons pas le camion comme il était prévu l'année dernière. Nous nous contenterons de changer le moteur de l'ancien. Nous ne ferons pas construire un nouveau silo pourtant si nécessaire au moment des récoltes. Mais malheureusement, tout cela ne suffit pas. C'est donc la mort dans l'âme, soyez-en persuadés, mes chers amis, que j'ai décidé, soucieux de protéger l'avenir de ceux d'entre vous qui ont charge de famille, de diminuer le personnel et de me séparer d'un de nos meilleurs éléments… en espérant qu'on pourra s'en tenir à cette horrible conclusion à laquelle je suis parvenu.

À ces mots, il y avait eu dans la petite assistance des « oh ! » reflétant beaucoup plus la consternation que la protestation, car les huit employés étaient d'origine paysanne et n'étaient pas habitués aux grands mouvements de colère des masses ouvrières. En même temps tous les regards s'étaient tournés vers Gabriel Ritoux, l'unique célibataire de l'entreprise. Mais Gabriel semblait être le seul à ne pas avoir compris ce que venait de déclarer son patron et avait continué de regarder par la fenêtre, comme s'il n'était pas concerné.

Pierre Poulacre avait enchaîné, l'air vraiment consterné :

— J'ai longuement réfléchi, soyez-en certains, et j'en suis venu à cette solution qui me déchire le cœur : faute de clients, nos camions vont moins rouler et vous François, vous René, vous allez devoir rester là, au pied de votre véhicule, à attendre un vain chargement, avec la crainte d'être, à votre tour, un jour licencié.

Pierre Poulacre avait fait une pause en laissant courir son regard sur le personnel qui ne bronchait pas, avant de continuer sur un ton emphatique :

— Mais je vous connais bien, vous François ; je vous connais bien, vous René depuis le temps que vous êtes tous deux dans cette maison qui est un peu la vôtre. Vous n'êtes pas de ceux qui accepteraient d'être payés à ne rien faire. Alors, en attendant la venue de jours meilleurs, j'ai pensé que le mieux serait que vous, mon cher Gabriel Ritoux, vous passiez votre balai et votre pinceau à vos deux camarades et que vous preniez des congés illimités. Je sais les liens très chers qui vous unissent à cette grande famille qu'est notre entreprise, mais je sais aussi que vous avez à l'île de Ré un petit pied-à-terre auquel vous êtes très attaché. Je suis certain que vous trouverez dans cette île le bonheur simple auquel vous aspirez, mon cher Gabriel.

En entendant prononcer son nom, Gabriel Ritoux avait sursauté et cessé de s'intéresser à la ribambelle de moineaux qui avaient élu domicile dans le moulin et qui se poursuivaient effrontément en piaillant.

Il y avait eu tout de même dans l'assistance quelques murmures que Pierre Poulacre avait vite fait taire d'un geste apaisant de la main.

— Vous vous doutez bien, mes chers amis, que nous n'allons pas laisser partir notre cher Gabriel sans que notre charmante secrétaire ne lui ait calculé les indemnités qu'il a bien méritées après vingt années de bons et loyaux services au Vieux Moulin.

Il y eut à nouveau un très léger murmure.

— … De plus, afin de nous retrouver tous ensemble une fois encore, permettez-moi de vous inviter vendredi midi à l'auberge d'à côté.

Le nouveau patron avait fait une pause avant de continuer sur un ton qui exprimait un profond regret :

— Je ne pourrai malheureusement pas être des vôtres dans ce moment de franche amitié, mais croyez-moi, mon cœur et mes pensées seront avec vous.

Il avait à nouveau secoué les mains de tous, et même étreint fortement Gabriel Ritoux qui en avait perdu sa casquette, puis après avoir répondu évasivement à quelques questions, il avait disparu bien vite dans son énorme Mercedes.

Pierre Poulacre parti, la protestation avait enflé dans la petite pièce qui servait de vestiaire et de salle de casse-croûte au personnel. « Fallait s'y attendre », disaient les uns ; « c'est dégueulasse », disaient les plus belliqueux ; et tous étaient d'accord pour reconnaître, avec inquiétude, que les temps avaient brusquement changé depuis la mort de Clotaire.

— Ben merde alors ! ne cessait de répéter Gabriel Ritoux en prenant ses collègues à témoin.

Il venait enfin de constater qu'il était congédié.

Mais pour l'heure, les employés de la minoterie avaient oublié les raisons qui les faisaient se retrouver ce jour autour de la grande table chez Marcel. Leurs visages étaient cramoisis, et tous avaient tendance à s'effondrer dans le fond de leur chaise, ceinture du pantalon desserrée de deux crans et le col de chemise déboutonné jusqu'au poitrail. Les voix étaient de plus en plus fortes car il n'était pas aisé de se faire entendre d'un bout de table à l'autre. Même mademoiselle Camillc, d'habitude si réservée, n'arrêtait pas de parler à droite et à gauche. Elle en avait le chignon de travers. Quant à la jeune Mariette qui l'avait remplacée au bureau, quand elle était partie en retraite, il y a deux ans, elle avait le feu aux joues et le regard particulièrement brillant. Tous les quarts d'heure, en pouffant de rire, elle annonçait à ses voisins : « Excusez-moi, mais faut que j'aille encore faire pipi. » Et elle partait précipitamment vers la petite porte au fond de la salle. Quand elle revenait, elle ne s'étonnait pas de retrouver son verre plein.

À la place d'honneur, au bout de la table, entre mademoiselle Camille et Ambroise — le plus ancien à la minoterie et qui occupait à ce titre, la fonction de chef d'équipe — Gabriel Ritoux affichait son habituel sourire béat. Il avait l'impression de planer. Pour la circonstance, il s'était vêtu du pantalon et de la veste de toile bleue qu'il ne réservait que pour les grandes occasions. Il avait même retrouvé, dans le fond de son armoire, une casquette assortie à son costume. Lorsque au milieu du repas, il avait enlevé son couvre-chef, d'habitude rivé à sa tête aussi solidement que ses oreilles ou son nez, il avait découvert un crâne tout blanc qui tranchait avec le reste de son visage rondouillard, couleur « p'tit kir avec beaucoup de cassis ».

Les conversations qui fusaient tout autour de Gabriel Ritoux lui parvenaient, indistinctes, dans une espèce de brouhaha qui lui tournait la tête, autant que le vin. Aussi sursauta-t-il quand mademoiselle Camille s'adressa à lui en lui posant une main amicale sur la cuisse :

— Ah ! mon petit Gabriel (bien qu'il eût la quarantaine bien sonnée, l'âge de mademoiselle Camille lui autorisait cette familiarité), ce n'est pas du temps de Monsieur Clotaire qu'une telle chose serait arrivée.

— C'est sûr ! parvint à dire Gabriel qui n'avait pas deviné que la chose en question à laquelle la retraitée de la minoterie faisait allusion était son licenciement.

— Et pas plus du temps du grand-père de ce petit freluquet de Pierre. C'est que je l'ai bien connu le grand-père Grégoire !

— Ah bon ! répondit évasivement Gabriel en tendant son verre vide à Roger.

Généralement, mademoiselle Camille ne buvait que de l'eau et quelquefois un petit verre de vin, le dimanche et les jours de fêtes, mais là, elle avait vidé sans s'en rendre compte tous les verres qu'on lui avait remplis ; maintenant, elle était submergée par une grande vague de nostalgie. Elle éprouvait un grand besoin d'évoquer les quarante-cinq années passées en qualité de secrétaire-comptable-dactylographe au service de trois générations de Poulacre.

— Évidemment que je l'ai connu, le grand-père Grégoire ! J'ai même connu le moulin à vent, bien avant qu'il ne fasse construire la minoterie, à son retour de la guerre, vers 1920. Très moderne, pour l'époque. C'est à ce moment-là qu'il m'a embauchée comme secrétaire-sténodactylographe. Je n'avais pas vingt ans. Et dès l'année suivante, il me confiait toute la comptabilité. Il faut dire qu'il ne l'a pas regretté. Pas plus que Monsieur Clotaire, ajouta la vieille demoiselle en se redressant fièrement.

Pendant un court moment, des images du passé firent oublier l'heure présente à mademoiselle Camille :

— Ah ! Monsieur Clotaire. Lui, on peut dire que c'était un bon patron.

Un instant Gabriel Ritoux essaya d'imaginer mademoiselle Camille en 1920 au temps des moulins à vent. Il regarda son visage tout ridé et ne parvint pas à se représenter la jeune fille qu'elle avait pu être. Mais comme de l'autre bout de la table on venait de lui lancer une boulette de fromage dans l'œil, il ne fit pas plus d'efforts d'imagination.

— Attention, Roger ! Je t'ai vu, tonitrua Gabriel en le menaçant de son index droit levé.

Mais, imperturbable, mademoiselle Camille continua :

— Vous n'avez pas connu le grand-père Grégoire ?

— Non ! répondit distraitement Gabriel qui s'apprêtait à son tour à mitrailler Roger d'une boulette de mie de pain.

— C'était un sacré travailleur. Et Monsieur Clotaire, son fils, même chose !... C'est bien un grand malheur ce tragique accident de voiture qui coûta la mort de Monsieur Clotaire et de ce brave Alcide, votre pauvre papa...

Elle poussa un soupir qui gonfla sa poitrine plate et, dans ses yeux, que le vin faisait briller, passa un nuage couleur de mélancolie. Mais, elle enchaîna aussitôt de sa petite voix aiguë :

— C'était un plaisir, à cette époque, de travailler pour ces gens-là. Mais pour ce bon à rien de Pierre ! Ah ! non, alors. Même pas capable de distinguer un sac d'orge d'un sac d'avoine ! Juste bon à venir fouiller dans le tiroir-caisse et à faire le beau dans sa grosse voiture...

Mademoiselle Camille se pencha à l'oreille de Gabriel et à nouveau posa sa main noueuse sur la cuisse épaisse de son voisin :

— Ah ! mon petit Gabriel, si je disais tout ce que je sais, il ne se pavanerait pas comme ça, le Pierre Poulacre, vous pouvez en être sûr.

Mais Gabriel avait d'autres intérêts que la conversation de l'ancienne secrétaire, car le patron de l'auberge venait de déposer un énorme gâteau au chocolat au milieu de la table, et Gabriel était un gros gourmand.

Ils en étaient au café-cognac quand Ambroise (effectuant des mimiques qu'il voulait discrètes) regarda tour à tour ses collègues, à l'exception de Gabriel d'ailleurs occupé à racler la crème au chocolat dans le fond de son assiette. Tous lui répondirent par un petit signe approbateur de la tête. C'était le moment. Ambroise et Mariette se levèrent discrètement de table pour revenir avec un grand carton bien ficelé dans tous les sens :

— C'est pour toi Gabriel. De la part de tous ceux qui sont là autour de cette table.

L'étonnement de Gabriel ne fut pas feint :

— Qu'est-ce que c'est ? questionna-t-il en louchant sans comprendre sur les deux pédales qui dépassaient de part et d'autre de l'emballage.

Brusquement, le silence se fit dans la petite assemblée. Tous avaient un sourire à la fois attendri et amusé en regardant leur copain aussi embarrassé qu'ému.

Après avoir tourné un bon moment autour du volumineux paquet à la manière d'une poule qui aurait trouvé un cure-dents, Gabriel en coupa les ficelles et en déchira le carton :

— Non ! C'est pas vrai ! Une Mobylette !

— On a pensé que ton Solex avait bien droit à la retraite lui aussi et que tu pourrais peut-être partir à l'île de Ré avec ton nouvel engin, remarqua Ambroise en se faisant le porte-parole de toute la tablée.

— On t'aurait bien offert une Mercedes comme celle du patron, mais comme tu n'as pas ton permis de conduire… plaisanta Roger.

Depuis des années, les problèmes de Gabriel avec son vieux Solex étaient un sujet de continuelles plaisanteries. Comme il était un ouvrier ponctuel et que son véhicule faisait souvent preuve de mauvaise volonté pour aller au travail, il prenait toujours soin de partir de Pouay-les-Étangs, où il habitait, trente-cinq minutes avant l'heure de la mise au travail, alors que Roger, qui habitait un kilomètre plus loin, n'en mettait que vingt-cinq pour faire la même route à vélo.

L'alcool, qui faisait briller les yeux de tous, dissimula les larmes qui perlaient dans ceux de Gabriel.

— Fallait pas, les gars, dit-il en regardant mademoiselle Camille.

Celle-ci pinça du bec et minauda :

— Mais, c'est bien la moindre des choses, mon petit Gabriel.

Il était plus de cinq heures quand les convives se levèrent de table. C'était le moment des séparations, des grosses tapes sur les épaules, des franches poignées de main et des phrases banales qui n'exprimaient pas l'émotion ressentie pas tous :

— On pensera à toi, à l'heure du casse-croûte…

— C'est ton Solex qui va être content de ne plus avoir à faire la route…

— Fais gaffe aux baigneuses, quand tu seras à l'île de Ré…

— Revenez nous voir bien vite, mon petit Gabriel, lança bien fort mademoiselle Camille, en tapotant ses paupières humides de larmes de son mouchoir blanc sentant bon la violette.

Après un tour d'honneur sur sa Mobylette devant l'auberge du Vieux Moulin, Gabriel Ritoux, légèrement zigzaguant, prit finalement le chemin de sa maison. Il ne savait pas tellement bien s'il avait envie de rire ou de pleurer.

Dès le lundi matin suivant, à l'heure habituelle de l'embauche, Gabriel Ritoux chevauchant fièrement sa Mobylette franchissait la grande grille de la minoterie, comme il l'avait fait pendant vingt années sur son Solex. Il ne doutait pas de la surprise que sa venue n'allait pas manquer de susciter parmi ses anciens collègues ; d'y penser lui faisait arborer un grand sourire sur son visage joufflu et un peu mollasson. Il ne fut pas déçu :

— Qu'est-ce que tu fous là, Gaby ?

— Je croyais que le patron t'avait mis à la porte ?

Gabriel serra les mains de ses copains :

— Je ne viens pas chercher du boulot, je voudrais juste savoir s'il n'y aurait pas un camion en chargement pour le port de La Pallice afin qu'il m'emmène avec ma Mobylette. La Pallice, c'est presque l'île de Ré. Il n'y a plus que le bac à prendre. Et hop ! si je ne m'arrête pas au bistrot du débarcadère, avec ma Mobylette il ne s'écoulera pas une demi-heure avant d'être sur mes terres et de pousser la porte de ma résidence secondaire.

Deux jours plus tard, Gabriel Ritoux était dans ce qu'il appelait pompeusement « sa résidence secondaire », une friche de trente-huit mètres de long sur huit mètres de large, dans laquelle on devinait parmi les herbes salées et les fougères, les chardons bleus et les bouquets d'immortelles, quelques vieux ceps de vigne moussus, restes d'une époque où, dans l'île, tout ce qui n'était pas marais salant était recouvert de vignoble jusque sur les dunes. Un pin avait réussi à pousser au milieu du terrain, malgré les tortures infligées par le vent du large et le sel marin. Il prenait son énergie dans le puits dont la gueule béante bâillait au ras du sol, au pied de l'arbre. Une planche de rouf d'une pinasse en bois, roulée à la côte un jour de tempête, en recouvrait très partiellement l'ouverture. Huit pas plus loin, un bouquet de tamaris ainsi que quelques pieds d'atriplex marquaient un des grands côtés de cette propriété que Gabriel Ritoux avait héritée de son père. Quelques pierres sèches, vestiges d'un muret de protection contre le vent, surmontées d'un fil barbelé récupéré dans un blockhaus bordaient l'autre. Un petit chemin sableux, envahi de fougères sous lesquelles on devinait encore les étroites ornières des roues de charrettes et, en son milieu, le sillon creusé par le pas menu des ânes, en marquait, au nord, la largeur. Mais rien ne délimitait l'extrémité sud. Rien, si ce n'était l'horizon à perte de vue.

Pourtant le contraste était grand quand on tournait le dos à l'infini de l'océan, car ce minuscule terrain n'était pourtant pas sans faire penser, par son étroitesse, à un couloir depuis longtemps abandonné. Alcide, le père de Gabriel, avait réussi à y ériger, une dizaine d'années plus tôt, une cabane à peine assez grande pour y disposer un lit en fer d'une personne, une table et une armoire en bois blanc, vestige, comme les barbelés, de l'occupation allemande. Autre souvenir concret de la guerre, le nid bétonné d'une mitrailleuse, tapi sous le sable, offrait toute la fraîcheur d'une cave à l'heureux propriétaire des lieux. Autour s'amoncelait tout un attirail fait de matériel de pêche, d'outils et de morceaux d'épaves récupérées à la laisse de mer. Près du pied de tamarin, se dressait une autre cabane que le vent d'hiver avait bousculée quelque peu. C'est là que Gabriel venait satisfaire ses besoins naturels. Elle était des plus rustiques, mais elle avait un avantage énorme que n'avaient aucun des W.-C. les plus chics, avec leur carrelage décoré de fleurs, leur porcelaine immaculée et leur chasse d'eau sentant fort le produit chimique, car les chiottes croulantes de Gabriel, elles, avaient une vue imprenable sur l'océan et une ventilation naturelle apportée par la brise venue du large. Pour Gabriel, le bonheur, chaque jour, commençait là, dès le matin, quand il s'asseyait sur la planche au-dessus du trou, le pantalon descendu sur les chevilles et qu'il regardait en face de lui, par la porte grande ouverte, l'immensité océane.

— J'avais beau bien rigoler avec mes collègues, je suis encore mieux là qu'à la minoterie ! admit-il dès le lendemain de son arrivée, alors qu'il reboutonnait son pantalon tout en regardant distraitement un vol de mouettes.

Il ne savait pas encore comment il allait organiser sa nouvelle vie, mais, pour le moment, il ne s'en inquiétait guère, car son voisin de Pouay-les-Étangs lui avait laissé entendre qu'il serait peut-être acquéreur du terrain sur lequel était la vieille bâtisse dans laquelle il habitait.

En regardant l'océan scintiller, il eut l'impression d'être déjà à la tête d'un sacré capital et l'avenir lui parut aussi brillant que la ligne d'horizon sur laquelle miroitait le soleil.

— Pour commencer, dès que la mer sera basse, j'irai pêcher des palourdes, se dit-il.

Depuis près de trente ans qu'il venait à l'île de Ré avec Clotaire Poulacre et son père, il connaissait maintenant l'estran et les vents propices aux bonnes pêches aussi bien que les vieux insulaires.

En préparant son café, il lui sembla revoir Clotaire Poulacre, quand il était encore patron de la minoterie. Il avait toujours eu beaucoup d'affection et une grande admiration pour celui que tout enfant il appelait « Tonton Clotaire » et qu'il avait toujours continué d'appeler ainsi, même au travail.

— C'était une autre envergure que mon vieux, admit-il en partant à la recherche d'un bol et d'une cuillère.

Pour le jeune adolescent qu'était alors Gabriel Ritoux, Tonton Clotaire avait à la fois la vaillance de Zorro et la générosité du père Noël. Jamais pressé de retrouver l'atmosphère hostile qui l'attendait auprès de sa femme entourée de sa belle famille, Clotaire s'attardait volontiers dans le gourbi où vivaient les

Ritoux. Plusieurs fois par semaine, il débarquait chez eux, sans crier gare, les bras chargés de victuailles, car la cuisine, pas plus que le ménage, n'était la spécialité de Roseline Ritoux. Le petit Gabriel sur ses genoux, il prodiguait à l'enfant toute l'affection que ses beaux-parents et sa femme lui avaient interdit de témoigner à Pierre, le fils qu'il avait eu par mégarde avec Irène Brégniaud. Quand il avait lui-même emmené dans son lit le petit Gabriel endormi dans ses bras, souvent il prolongeait la soirée en trinquant à leurs souvenirs d'enfance, en compagnie du couple Ritoux. Il lui arrivait même de passer la nuit sur le vieux canapé tout recouvert de taches de graisse et de poils de chien et de chat, coincé entre la cuisinière en fonte et l'évier en pierre, au fond de la sombre cuisine des Ritoux. Et, presque à chaque fois, dès qu'Alcide faisait entendre les trémolos discordants de ses ronflements et que Clotaire commençait à perdre connaissance, ce dernier était réveillé alors par les craquements du vieux plancher, au-dessus de sa tête. Dans l'obscurité, il devinait Roseline, vêtue d'une petite chemise d'où débordaient ses nombreux kilos superflus, descendant le plus discrètement possible l'escalier gémissant sous son poids. Clotaire n'avait pas le temps de faire le moindre geste de protestation (en supposant qu'il en ait eu envie), elle se jetait fougueusement sur lui, telle une louve affamée, sans se soucier des ressorts du divan qui pénétraient en grinçant dans le dos de son amant à moitié enseveli sous elle. Mais, pendant que le petit Gabriel dormait de son sommeil d'enfant et que son père ronflait dans un sommeil d'ivrogne, Clotaire pouvait-il vraiment refuser ce furtif moment d'intenses émotions animales à celle qui lui avait fait découvrir, alors qu'il était encore adolescent, les charmes de l'amour ? De toute façon Roseline ne lui laissait pas le temps de réfléchir et puis, depuis le temps que ces brèves étreintes avaient commencé, pourquoi les refuser ce soir-là, se disait Clotaire en soupirant de plaisir. Mais de cela Gabriel n'en avait jamais rien su.

Après avoir pesté après les fourmis qui avaient envahi la boîte de sucre, Gabriel reprit le fil des souvenirs que ressuscitait son retour dans l'île.

Parmi toutes les images qui lui revenaient à l'esprit, celle d'un samedi soir, veille de Pâques, se dessina avec précision. Il ne devait avoir alors guère plus de douze ans et s'endormait sur les genoux de Tonton Clotaire en écoutant son père évoquer une fois de plus « sa » guerre, tout en servant une énième tournée de gnôle. Roseline, que l'alcool rendait encore plus agressive que d'habitude envers son souffre-douleur de mari, l'avait interrompu pour lui lancer sur un ton acariâtre :

— Mon pauvre Alcide ! Tu nous rabâches sans cesse les histoires du Grand Bébert, ton copain de l'île de Ré avec lequel tu étais prisonnier ; mais depuis le temps, s'il n'est pas mort, il doit avoir oublié un pauvre type comme toi.

Gabriel souffla sur son café et hocha la tête :

— C'est marrant comme il y a des souvenirs de gosse qui restent gravés dans la mémoire. Je l'entends encore, le Tonton Clotaire, répliquer à mes vieux : « Eh ! bien, puisque c'est comme ça, Alcide, dès demain matin, je t'emmène à l'île de Ré, histoire de voir si ton copain est toujours vivant. Et on emmène le petit avec nous » avait-il ajouté en ébouriffant les cheveux raides du jeune Gabriel.

Bien qu'elle n'eût jamais brillé par sa perspicacité, Roseline avait quand même compris qu'elle n'était pas prévue dans cette escapade. Comme elle n'osait trop rien répliquer devant Clotaire, elle s'était contentée de vider son verre et était partie se coucher sans dire un mot, en traînant ses vieilles sandales. Ce que Gabriel ne pouvait pas savoir, c'est que cette nuit-là, sa mère déballa tout son savoir-faire amoureux pour essayer de convaincre Clotaire de l'emmener avec eux. Mais, bien qu'il eût succombé aux caresses de la bouillante Roseline, Clotaire ne céda pas.

Tout en restant accroché au fil de ses souvenirs, Gabriel se coupa une grosse tartine qu'il beurra. Cette expédition imprévue fut la première grande aventure de sa vie — pour ne pas dire la seule — dont il gardait un souvenir impérissable. Trois heures de route — pause casse-croûte comprise — dans la traction de Tonton Clotaire qui roulait à près de cent kilomètres à l'heure. Et puis soudain, la mer ! Rien à voir avec les étangs de Pouay ! Il avait pourtant souvent rêvé devant la carte murale de la classe, mais jamais il n'avait pensé que cela pouvait être aussi grand, l'océan Atlantique.

En trempant sa tartine dans son bol ébréché, il se souvint de l'énorme casse-croûte pain-beurre-saucisson dont il s'était empiffré sur le vaste parking en attendant fébrilement de s'embarquer pour cette terre inconnue dont il devinait le sable doré derrière la surface bleue de la mer.

Après une heure d'attente qui lui avait paru une éternité, enfin le *Gustave Perreau* avait largué les amarres. Il les avait conduits — lui, Tonton Clotaire et son père — jusqu'à cette terre promise baptisée île de Ré, qui se dessinait en jaune et vert de l'autre côté de ce morceau d'océan. Pendant les vingt minutes de cette traversée inoubliable, perché sur le gaillard d'avant, il avait bien compris ce qu'avait pu ressentir Christophe Colomb sur la *Santa Maria* au moment d'aborder le Nouveau Monde.

Gabriel avala une gorgée de café brûlant et secoua la tête, l'air méditatif :

— Sûr qu'il n'était pas mort, Bébert, le copain de mon père. Je peux même dire qu'on en a passé des heures dans son chai avec le Tonton Clotaire et mon vieux !

Celui que tout le monde appelait le Grand Bébert — de son véritable nom Albert Caillondeau — était un Rétais qui cultivait la terre par nécessité et qui pratiquait la pêche par passion. Aussi, quand sous l'occupation allemande, l'autorité militaire avait interdit l'accès aux vignes situées sur le Peu des Corbaigeaux pour y implanter un nid de mitrailleuses, il n'avait pas été chagriné. Il avait montré à son copain Alcide prisonnier comme lui, la lettre de sa femme qui lui apprenait la nouvelle, et avait déclaré :

— Si les Boches ont arraché les ceps, je n'aurai plus la peine d'en tailler les sarments à mon retour dans l'île. De toute façon, j'ai assez de vignes dans les Terres Rouges, pour récolter de quoi boire toute l'année avec mes copains.

C'est lui, Albert Caillondeau, dit le Grand Bébert, qui avait initié le jeune Gabriel Ritoux à toutes les subtilités de la pêche à pied, de jour comme de nuit, telle qu'on la pratiquait depuis des générations, à l'époque où les poissons et les crustacés, sur le littoral, étaient encore plus nombreux que les pêcheurs-prédateurs d'aujourd'hui.

En mordant dans sa tartine, il sembla à Gabriel entendre le Grand Bébert s'esclaffer en remplissant à nouveau les verres :

— Tu veux un terrain ? Je te vends ma vigne dans le Peu des Corbaigeaux et je te donne l'autre qui est à côté par-dessus le marché, la parcelle 19. Elle vient de la première femme de mon beau-père. *Olé même pas bon à agrouer dos cheyes !*[1] Et à coup sûr, c'est pas ma fille Lucienne qui va venir vendanger les trois ceps qui restent ! La terre est bien trop basse pour elle et son gommeux de mari.

Le regard rivé dans le fond de son bol, Gabriel revit son père. En entendant cette offre inattendue, « son vieux » était resté un moment la bouche ouverte et les yeux ébahis avant de pouvoir répondre :

— Moi, je voudrais bien, mais je n'ai pas de sous pour l'acheter.

— Ne t'inquiète pas, Alcide, mon camarade, moi j'en ai, avait alors rétorqué Clotaire. Et si tu es d'accord, mon vieux Bébert, cette parcelle 19 que je n'ai jamais vue, pas plus que les autres d'ailleurs, je la donne à notre copain Alcide.

En signe d'acquiescement, Albert Caillondeau avait levé haut son verre. Les deux autres en avaient fait autant. À la lumière de la bougie qui éclairait

---

1. Ce n'est même pas bon à enterrer des chiens ! (patois rétais).

chichement le chai, on aurait pu les prendre pour les trois mousquetaires prêtant serment, l'épée à nu au bout de leur bras tendu. La similitude n'échappa pas à Clotaire qui était le seul des trois à avoir lu Alexandre Dumas ainsi qu'à Gabriel auquel l'instituteur en avait lu des extraits à l'école. D'une voix de stentor, Clotaire avait déclaré :

— Un pour tous, tous pour un !

La voix légèrement pâteuse, les deux comparses à leur tour avaient déclamé :

— Un pour tous, tous pour un.

Et tous trois, dans un ensemble parfait, ils avaient fait cul sec.

Gabriel Ritoux se souvenait parfaitement bien de cet instant mémorable. Il était alors assis à califourchon sur une barrique dans un coin sombre du chai où il était soudainement devenu d'Artagnan.

C'est ainsi, ce jour-là, que Clotaire Poulacre et Alcide Ritoux s'étaient retrouvés résidents secondaires à Ré la Blanche. C'était en 1948.

Mais avant d'aller plus loin, pour la bonne compréhension des événements qui vont suivre, il nous faut faire un retour en arrière, jusqu'au début des années 1900.

II

C'EST À CETTE PÉRIODE, appelée par quelques privilégiés « La Belle Époque », que Clotaire Poulacre, le père de Pierre Poulacre, l'actuel P.-D.G. de la minoterie du Vieux Moulin, et Alcide Ritoux, le père de Gabriel Ritoux, vinrent au monde. Clotaire naissant avec trois jours d'avance sur la date prévue et Alcide avec une semaine de retard, le hasard fit qu'ils naquirent le même jour. Clotaire le matin et Alcide le soir.

La nature, parfois facétieuse, avait doté Ida Ritoux d'une poitrine généreuse et Alcide, son rejeton malingre, d'un tout petit appétit. Par contre, madame Irène Poulacre, dont le corsage tombait à plat sur son ventre creux, aux os saillants, avait mis au monde un gros bébé joufflu. Celui-ci avait été prénommé Clotaire en mémoire d'un arrière-grand-père du côté maternel. De ce lointain ancêtre, l'enfant avait hérité un appétit d'ogre. C'était alors quelques années avant la Première Guerre mondiale.

Les Ritoux habitaient un petit rez-de-chaussée, situé au fond du grand parc appartenant aux Poulacre, la plus riche famille de Pouay-les-Étangs. En échange de deux pièces avec water-closets au fond du jardin et eau courante au fond du puits, Ida Ritoux avait droit, tous les matins, sept jours sur sept, de faire le ménage et la vaisselle chez les Poulacre. Il parut donc naturel à tout le monde qu'après avoir retroussé ses manches, la mère d'Alcide le maigrichon ouvrit un peu plus largement son opulent corsage pour offrir son sein intarissable au petit glouton de Clotaire.

Pendant les trois premières années de sa vie, le jeune Clotaire Poulacre s'accrocha donc sans complexe à la mamelle de la mère d'Alcide, partageant avec ce dernier, dans les proportions de deux tiers un tiers, le lait nourricier d'Ida, jusqu'à ce qu'on les mette tous les deux à la garderie de Pouay-les-Étangs. Cette garderie était tenue d'une main ferme par une veuve de guerre, toujours vêtue de noir, qui toute la journée tricotait de gros bas de laine noire tout en surveillant, d'un œil autoritaire sous un sourcil épais et noir également, la dizaine de gosses qui jouait, dès le printemps, parmi les poules et les canards se dandinant dans le pré attenant à la maison de la veuve. Sans arrêter de tricoter, de temps à autre, elle levait le nez de son ouvrage pour immanquablement sermonner le bouillant Clotaire. Le gamin était bien vite devenu un garnement costaud et remuant qui dépassait d'une bonne tête tous les autres enfants. Pendant des matinées entières, il se dépensait sans compter, jouant à la guerre avec son petit copain Alcide. Évidemment, à chaque fois il était le vaillant pioupiou. Le pauvre Alcide devait se contenter d'être l'affreux Prussien qui ne pouvait finir que mort ou, au mieux, prisonnier. Quand les joues rouges d'avoir couru et d'avoir guerroyé, Clotaire se laissait tomber sur l'herbe, c'était alors pour jouer avec les petites copines au médecin et à la malade. À ce jeu, Alcide était l'infirmier qui avait le droit d'aller chercher les plantes qui guérissent et que Clotaire appliquait là où il jugeait que sa patiente avait mal.

Après avoir usé leur pantalon sur les bancs de « la grande école », par une belle matinée de début juillet, les deux garçons s'étaient levés plus tôt que d'habitude et lavés à grande eau. Clotaire Poulacre avait revêtu ses plus beaux habits et Alcide Ritoux les vieux vêtements trop petits de son copain, offerts généreusement par madame Poulacre. Un peu empêtrés dans leur costume, Clotaire avait enfourché le vélo que sa mère lui avait donné pour son anniversaire, et Alcide avait grimpé tant bien que mal sur le vieux vélo de son père. Tous deux partaient au chef-lieu du canton pour passer cette épreuve dont tous les parents rêvaient de voir leur rejeton auréolé : l'épreuve du certificat d'études primaires.

Il était près de seize heures à la fin de cette exceptionnelle journée à l'issue de laquelle, le plus souvent, le jeune adolescent basculait du statut de simple écolier à celui de travailleur. Coincé derrière un pupitre trop petit pour sa grande taille, Clotaire Poulacre suçotait son porte-plume et rêvassait en regardant par la fenêtre grande ouverte de la classe, un couple d'hirondelles qui se bécotaient sous les tuiles. Il y avait déjà un moment qu'il avait terminé son devoir d'histoire. Dans la rangée de gauche, à deux tables de lui, Alcide Ritoux se débattait désespérément dans les eaux glacées de la Bérézina avec les soldats de Napoléon. Une mèche raide collée sur son teint blème, l'œil terne et les mains moites le faisaient un peu ressembler à l'Empereur dans la « morne plaine ». À le voir ainsi, Clotaire ne douta pas que son copain était en grand péril. Aussi, n'écoutant que son courage et leurs douze années de complicité, il profita que le vieil instituteur chargé de la surveillance ait le dos tourné pour lancer à Alcide une feuille en boule sur laquelle il avait écrit quelques dates. Juste de quoi lui faire éviter le zéro fatidique. Une véritable bouée de sauvetage. Mais Clotaire n'avait jamais su mesurer sa force. La boule de papier rebondit sur le bureau de son copain avant d'aller se perdre un peu plus loin sous les socques de Bougras qui transpirait trop sur sa copie et qui surtout ne voulait pas compromettre son avenir en poussant — même discrètement — de la pointe du pied le projectile salvateur.

— Plus que quinze minutes !

La voix nasillarde du surveillant troubla le silence de la classe dans laquelle on n'entendait que le grattement des plumes Sergent-Major sur le papier, ponctué de temps à autre, par les soupirs des candidats en plein effort cérébral et les piaillements irrévérencieux des moineaux sous les fenêtres. Évidemment, la remarque de l'instituteur de service souleva aussitôt une volée de « Oh ! » de protestations étouffées. Quand une bouffée d'air chaud poussa jusqu'aux narines de Clotaire ses senteurs de tilleul en fleur et de foin fraîchement coupé, celui-ci tourna son regard en direction de la grande Roseline, une multirécidiviste du certificat d'études. Si Roseline avait toujours eu des difficultés à comprendre ce que l'institutrice de Pouay-les-Étangs avait tenté vainement de lui inculquer, elle n'eut, par contre, aucune difficulté à traduire ce que le regard de Clotaire avait silencieusement formulé. Aussi, quand celui-ci sortit, après avoir déposé sa copie sur le bureau du maître, Roseline sortit derrière lui après avoir remis, une fois de plus, une feuille aussi blanche que la neige recouvrant l'armée napoléonienne en déroute dans les marécages enneigés de l'immense Russie. Cinq minutes plus tard, allongés dans les hautes herbes des douves de l'ancienne forteresse, tous deux oubliaient l'histoire de France pour passer ensemble, avec brio, l'épreuve d'anatomie appliquée.

Quand, en fin de soirée, Clotaire Poulacre et Alcide Ritoux reprirent, sur leur vélo, le chemin de Pouay-les-Étangs, Alcide pédalait mollement, tête basse, l'œil rivé sur la roue avant de son engin rouillé. Pour lui, la retraite de Russie continuait, se disait-il en pensant à la raclée que n'allait pas manquer de lui infliger son père quand il apprendrait son échec au certif. Devant lui, le nez en l'air et debout sur ses pédales, Clotaire sifflait à tue-tête une chanson paillarde qu'il avait entendue au banquet des anciens poilus. Ce n'était pas seulement parce qu'il avait son examen en poche qu'il était heureux, mais beaucoup plus par tout ce qu'il venait de découvrir avec la grande Roseline.

C'était le dernier jour de scolarité pour les deux garçons, mais aussi le début des battages. Aussi, dès le lundi suivant, Clotaire embaucha à la minoterie du Vieux Moulin créée par Grégoire Poulacre, son père. Comme le dernier des Poulacre avait son diplôme tout neuf en poche, l'auteur de ses jours lui confia donc un crayon et un calepin et l'affecta à la bascule, à la pesée des sacs de grain apportés par les paysans de la région.

Alcide Ritoux embaucha lui aussi à la minoterie le même jour que son inséparable copain. Mais, comme il n'était pas le fils du patron et qu'il n'avait pas son certificat d'études, on lui confia simplement un balai et une pelle. Mais cela n'altéra en rien la déjà vieille amitié qui unissait les deux adolescents. Bien au contraire.

Tous les soirs, leur travail terminé, à l'heure où le crépuscule se fait complice des jeux qu'une certaine morale interdit, tous deux retrouvaient les copains et les copines du village, sous les grands chênes de la petite place de Pouay-les-Étangs. Devant les filles qui riaient fort, les garçons improvisaient des pugilats d'où toujours Clotaire sortait victorieux. Puis, quand l'obscurité se faisait plus dense, alors qu'Alcide s'empressait de rentrer chez lui de crainte de se faire houspiller, la grande Roseline, ou la grosse Berthe, à moins que ce ne fût l'aguichante Augustine ou la timide Marinette, enfin l'élue du jour, profitait de la nuit venue pour aller se perdre un moment avec Clotaire dans un bosquet ou une grange voisine afin de savourer une furtive étreinte dans les bras du jeune coq du village.

Quelques années passèrent et vint l'âge du service militaire. Clotaire Poulacre effectua son temps sous les drapeaux derrière le bar d'un club d'officiers de cavalerie situé à trente-cinq kilomètres de chez lui. Cette planque, qu'il devait à un élu, client de son père, lui permit de revenir au village toutes les fins de semaine. À peine eut-il revêtu l'uniforme, et bien qu'il ne mît jamais ses fesses sur un cheval, il s'empressa de se faire tailler sur mesure un pantalon de cavalier et troqua quelques bonnes bouteilles, réservées normalement à l'état-major, contre de splendides bottes en cuir qu'il ne chaussait que pour venir en permission. Le prestige de l'uniforme aidant, son succès n'en fut que plus grand auprès des donzelles de Pouay-les-Étangs et de tout le canton.

Alcide Ritoux, lui, fut intégré à un régiment affecté à la garde des mines de charbon dans la Sarre. Pendant toute la durée de son service, il ne revint au village qu'une fois à Pâques et une autre fois pour les fêtes de fin d'année.

Un soir du nouvel an, il était accoudé au zinc du café de la Place et essayait de raconter des histoires de trouffions qui n'intéressaient personne, quand la grosse Berthe l'interrompit :

— Avec tes gros godillots et ton calot pointu trois fois trop grand pour toi, tu ressembles plus à un épouvantail à moineaux qu'à Rudolph Valentino.

Pour souligner ce qu'elle pensait être une fine plaisanterie, celle que tout le monde appelait « la grosse Bertha », en souvenir du fameux canon de Bismarck, partit d'un éclat de rire retentissant qui secoua sa lourde poitrine précocement tombante. En vérité, elle avait déjà un peu trop bu, et son rire gras n'était qu'un masque pour mieux cacher son dépit de voir Clotaire peloter une mijaurée venue du village voisin. Alors, comme Alcide n'avait pas l'art de la conversation et qu'aucune fille ne voulait aventurer ses petits escarpins, même au rythme d'un slow, sous les gros croquenots à clous du permissionnaire, il passa toute la nuit du réveillon silencieux, accroché au comptoir et prit, cette fois-là, une des plus belles cuites de sa vie.

Dès leur service militaire terminé, Clotaire Poulacre et Alcide Ritoux reprirent tout naturellement le chemin de la minoterie. Le premier à la direction, avec son père, et l'autre à son balai et à sa pelle.

Clotaire était aussi ardent au travail qu'il l'était près de la gent féminine, aussi son paternel qui aspirait, avec l'âge, à aller plus souvent à la pêche à la ligne, ne tarda pas à lui donner de plus en plus de responsabilités. En secret, il espérait bien que le travail calmerait les ardeurs viriles de son garçon et qu'un jour Clotaire viendrait lui présenter sa future femme. Le brave homme se mettait alors à rêver. Il se voyait déjà assis le derrière dans l'herbe sur le bord du grand étang avec un petit Poulacre sur ses genoux, tout heureux, en bon grand-père, d'initier l'enfant à l'art de la pêche au goujon.

Justement, un jour que papa Poulacre s'apprêtait à partir à la pêche, il s'entendit apostropher par un cycliste qui s'efforçait de pédaler dans le petit chemin blanc de la ferme du Bois Brûlé, tout en gesticulant fortement du bras qui ne tenait pas le guidon. Celui-ci était encore loin et le minotier, un peu dur d'oreille, ne pouvait comprendre les mots qui lui étaient adressés. Par contre, il reconnut aisément la chevelure rousse et le ventre tombant sur le guidon de Florent Bourgniaud, un des plus riches paysans de la région. Il se dirigeait vers lui aussi vite que le lui permettait son vélo qui couinait sous son poids. D'abord, papa Poulacre pensa que Bourgniaud devait avoir une vache malade et qu'il venait chercher des médicaments dont il avait tout un dépôt à la minoterie. Mais à la façon dont le visiteur jeta son véhicule à deux roues dans la haie, le père Poulacre ne douta pas que le paysan était de mauvaise humeur. Dans la minute qui suivit, le cycliste, le souffle encore court d'avoir pédalé trop vite, mais le timbre de voix fort et postillonnant tous azimuts, vociférait dans les oreilles du minotier, sans même prendre la peine de le saluer :

— Sais-tu que ton sacré putain de Clotaire a abusé de la candeur de ma pauvre fille Irène ? Sais-tu qu'elle est enceinte de ton putain de taureau en rut ?

En même temps, il lançait un regard noir en direction du silo et ajoutait, toujours sur le même ton :

— Où est-il, cet obsédé sexuel, que je lui coupe les couilles, histoire de le calmer ?

Les premiers moments de stupeur passés, le père Poulacre fit signe à Florent Bourgniaud de mettre en sourdine sa grosse voix de baryton. Peut-être se serait-il tu s'il lui avait demandé de parler plus fort, mais là, il se mit à tonitruer de plus belle. Indifférent à son flot de paroles, le minotier regarda le char à bancs dans lequel il avait rangé ses lignes, sa boîte d'asticots et son casse-croûte, et il crut vraiment y voir un petit gamin joufflu et souriant qui lui faisait signe de sa petite main potelée.

Alcide Ritoux qui déambulait dans les parages, avec sa pelle et son balai sur l'épaule, le tira de son court instant de rêverie :

— Desselle la jument et range mes lignes dans le cagibi. Je ne vais plus à la pêche, lui lança-t-il.

Tandis qu'il réfléchissait intensément en faisant virevolter dans tous les sens son chapeau de paille sur le sommet de son crâne, Florent Bourgniaud continuait de gueuler, menaçant, entre autres, de mettre le feu à la minoterie pour faire sortir ce bandit de Clotaire de sa tanière. Quand il se tut, juste le temps de cracher le jus de sa chique à quelques mètres, le père Poulacre en profita pour lui dire avec une détermination qui le laissa bouche-bée :

— Il faut les marier sans attendre.

Florent Bourgniaud qui était habitué aux interminables transactions des champs de foire, ne s'attendait pas à une conclusion aussi rapide, exempte de tout marchandage. Sa colère s'estompa, et ses grosses joues rouges, violacées, illuminées d'une barbe rousse de plusieurs jours, retombèrent mollement de chaque côté de son menton. Il tourna le dos au minotier sous prétexte de fouiller dans sa blague à tabac, mais par-dessous ses gros sourcils presque rouges, il regarda la minoterie. Les grands silos regorgeaient de céréales ; à leur pied, des camions chargés de sacs s'apprêtaient à prendre la route ; de lourds attelages amenant la moisson arrivaient par les chemins de terre ; des tracteurs fumant et pétaradant manœuvraient sur l'immense terre-plein parmi des ouvriers, blancs de farine et de poussière, courbés sous le poids de lourds sacs. « C'est une sacrée bonne affaire que cette minoterie du Vieux Moulin » pensait Florent Bourgniaud, mais il se contenta de dire sur le même ton qu'il employait quand il marchandait le prix d'une vache :

— C'est à voir. Faut qu'on en discute.

C'est ainsi que Clotaire Poulacre se retrouva marié à Irène Bourgniaud parce qu'un soir, il avait parié avec ses copains, alors qu'il fêtait la quille, qu'il coucherait avant une semaine avec « ce pilier d'église ». Simple esbroufe d'un jeunot de vingt ans qui ne mesurait pas alors les conséquences de ses paroles et encore moins celles de ses actes.

Il va sans dire que ce mariage inattendu fut ressenti comme un véritable deuil parmi toute la population féminine de Pouay-les-Étangs et des cantons environnants. En apprenant cette terrible nouvelle — cette haute trahison, dirent celles qui se prenaient pour Mata Hari — toutes les jouvencelles mirent leur jupon en berne et un crêpe à leur cœur. Quelques-unes d'entre elles, tant elles étaient désespérées de se voir voler leur idole, n'hésitèrent pas à se précipiter vers un mariage sans attrait, après avoir pensé, au plus profond de leur désarroi, à se précipiter dans l'un des étangs du village. La grande Roseline, elle-même y pensa un peu, mais après avoir initié aux délices de l'amour toute une génération de joyeux lurons, elle n'avait pas le choix, il ne lui restait que l'étang car les candidats au mariage ne se ruaient pas vers elle. Le temps qu'elle réfléchisse, l'étang s'était asséché, elle opta donc, en dernier recours, pour Alcide Ritoux. Tout surpris qu'une femme s'intéressât enfin à lui, le balayeur de la minoterie posa donc pour quelque temps son balai et sa pelle, le temps que Roseline le prenne par le bras et l'emmène à la mairie pour lui faire dire oui devant Monsieur le maire.

Comme on peut s'en douter, la lune de miel du bouillant Clotaire et de la très dévote Irène très vite s'obscurcit de gros nuages grondant d'orage que Florent Bourgniaud n'était pas sans voir ni entendre. À coup sûr, n'eût été la crainte des qu'en-dira-t-on, et surtout si son gendre n'eût été l'héritier d'une minoterie qui représentait un gros capital, le père Bourgniaud aurait demandé le divorce pour sa fille. Mais voilà, pour toutes ces raisons, il ne le fit pas ; et Irène, habituée à obéir à son père, n'en fit rien non plus. Elle se contenta donc d'aller un peu plus encore à l'église en priant pour que l'enfant qu'elle portait dans son ventre ne ressemblât pas à celui qui l'avait séduite. Quant à Clotaire, il se lança à corps perdu dans le travail et à corps veux-tu dans les bras des accueillantes villageoises en quête de viriles étreintes. Enfin, lorsque sept mois après les noces, naquit le petit Pierre, toute la famille Bourgniaud s'empressa d'accaparer la maman et le bébé afin qu'il ne subisse pas l'influence diabolique de son géniteur.

À côté des frasques de Clotaire dont les hommes parlaient avec admiration et envie — même les cocus qui s'ignoraient, évidemment — et dont les femmes chuchotaient les exploits, l'air scandalisé lorsqu'elles n'avaient pas la chance d'être choisies par le séducteur, l'attelage Roseline-Alcide Ritoux paraissait bien pâle. Parfois, les voisins entendaient bien Roseline engueuler son mari ou le menacer de son manche à balai, mais pour les habitants de Pouay-les-Étangs, ce n'était qu'un fait divers juste bon à meubler les rares temps morts de la conversation à la caisse de l'épicerie-mercerie ou bien à la sortie de l'église.

De toute façon, d'autres événements, bien plus importants, commençaient à monopoliser l'intérêt de toute la population française, même jusqu'au fin fond de Pouay-les-Étangs. Il faut dire que l'on était alors en juin 1939. Deux mois avant la mobilisation générale.

Grâce à l'élu qui l'avait pistonné pour le service militaire, Clotaire fut mobilisé au moulin « car il faut bien des bras solides pour transformer en farine le grain qui fera le pain du militaire », claironnait son père pour justifier la présence de son fils loin des champs de bataille. Quant à Alcide, le ministère des Armées ne l'ayant pas reconnu indispensable sur place avec son balai et sa pelle, il dut troquer, dès le début des hostilités, ses instruments de travail contre un fusil et un casque. La musette en bandoulière et le moral dans les bandes molletières, il partit donc pour le front et ne revint au pays qu'après un séjour de cinq ans dans un stalag de Poméranie.

Le petit Gabriel Ritoux — le fils d'Alcide et de Roseline — n'avait pas encore fêté son sixième anniversaire, mais il avait déjà la responsabilité d'aller, tous les matins, conduire au champ les cinq chèvres de la voisine, en échange d'une mesure de lait pour le petit déjeuner. À cette même époque, Pierre Poulacre, le futur héritier de la minoterie, ne conduisait pas les chèvres au champ mais, par contre, conduisait une superbe auto, une décapotable à pédales, rouge coquelicot, avec un klaxon qui faisait « pouet ! pouet ! » que maman venait de lui offrir pour ses sept ans.

Tout en s'évertuant à chausser les bottes de caoutchouc qui venaient de son père, Gabriel se répétait en se préparant pour aller à la pêche : « C'est marrant, je n'arrive pas à me souvenir de mon vieux à son retour de guerre. »

— Pourtant j'avais plus de dix ans, marmonna-t-il, le visage grimaçant sous l'effort pour enfiler le pied gauche. Par contre, je me souviens très bien de ce jeu de quilles en bois jaune et bleu que m'avait offert Tonton Clotaire alors qu'on attendait mon père sur le quai de la gare. Combien de parties j'ai pu faire tout en gardant les chèvres du voisin !

III

LA TÊTE APPUYÉE AU DOSSIER de son confortable fauteuil de cuir, Pierre Poulacre rêvassait en suivant, dans l'immense cour de la minoterie, l'agitation de tous ces paysans, rouges, suants et poussiéreux qui s'apostrophaient du haut de leurs énormes tracteurs aux remorques chargées des céréales qu'ils venaient de récolter. Certains d'entre eux riaient fort en secouant leur grosse bedaine, d'autres se disputaient à celui qui gratterait une place sur la trémie de déchargement. Savourant l'ombre fraîche d'un grand châtaignier, quelques autres avaient choisi d'attendre patiemment leur tour et se désaltéraient en se passant une bouteille de vin qu'ils buvaient à même le goulot.

Au spectacle de ce monde paysan, Pierre Poulacre ne put s'empêcher de faire une moue de dégoût avant de se regarder avec complaisance dans un petit miroir qu'il tenait toujours à portée de sa main dans un des nombreux tiroirs de son bureau. Il passa ses doigts dans sa chevelure bien coiffée et se contempla sous tous les angles. Malgré ses yeux plutôt globuleux, son nez camus et son menton fuyant que la graisse commençait à envelopper, il se trouva fière allure. Décidément, il n'était pas du même monde que ces gens-là — du moins, il en était persuadé — et il était bien heureux d'avoir trouvé, sans tarder, un repreneur pour la minoterie dont il regrettait déjà d'avoir pris la responsabilité un an et demi après la mort de son père. Détournant les yeux de « ces rustres » qu'il méprisait, il rangea son miroir et posa son regard sur le plan qui s'étalait sur son bureau, devant lui. C'était celui de l'hôtel qu'il allait faire construire à l'île de Ré, sur le terrain que son père avait acheté peu de temps après la guerre.

Du bout de ses doigts blancs ornés de lourdes chevalières en or, il caressa son projet :

— Là, ce sera une autre clientèle que ces ploucs. Rien que des intellos à fric. Pas de péquenauds, pas de minets fauchés. Que des hommes d'affaires et des artistes.

Bien qu'il ne le formulât pas vraiment, son inconscient lui soufflait dans l'oreille : « de préférence, homosexuels ».

C'était pourtant grâce à la clientèle de ces « bouseux » qu'il se retrouvait maintenant à la tête d'un très confortable capital qui lui permettait de mener grande vie. À l'âge de la contestation, il avait pourtant tenté d'échapper au giron maternel et au milieu de la bourgeoisie campagnarde dans laquelle sa mère se plaisait à le voir évoluer, en participant à des manifs d'étudiants alors qu'il était parvenu péniblement en première année de médecine. Mais quelques contacts rapprochés et bien involontaires avec les matraques de la force publique l'avaient vite fait se détacher de ce que « Mère » appelait avec indulgence « des petites erreurs de jeunesse ». Il abandonna alors la fac de médecine trop chahuteuse et ses défilés protestataires pour entrer à celle de droit, beaucoup mieux pensante, selon les déclarations de la branche maternelle. Mais les cours de droit ne tardèrent pas à engendrer, chez le jeune Poulacre, une certaine mélancolie qui se traduisit par des bâillements fréquents et une forte somnolence sur les bancs de la fac. Les symptômes ne faisant qu'amplifier au fur et à mesure qu'avançait l'année universitaire, le jeune homme décida donc, avec la bénédiction de Madame Mère d'abandonner une nouvelle fois ses projets de carrière dans la magistrature. Après avoir hésité entre une école de « psychoquelquechose » et une école de commerce (international, évidemment), il s'inscrivit finalement aux Beaux-Arts. « Je suis sûre qu'il ne tardera pas à se faire un nom. Il est tellement doué pour tout, ce cher petit », affirmait à qui voulait l'entendre, l'épouse légitime de Clotaire. Il est vrai qu'il avait été premier en dessin à l'école primaire, qu'il jouait très bien du piano de l'index droit, gratouillait sur la guitare des morceaux dont parfois on pouvait reconnaître l'air et savait taper du tam-tam très fort lors de certaines soirées copieusement arrosées.

Oubliant la minoterie et le plan étalé devant lui, Pierre Poulacre se remémora, non sans un certain vague à l'âme cette période qu'il appelait avec attendrissement « sa bohème ».

Ce fut alors qu'il était à la terrase du café des Beaux-Arts — juste à quelques pas de l'école — qu'il rencontra un certain Edward Arthymore, un Écossais qui baladait son kilt de terrasse en terrasse et qui vivait de ses talents de peintre, selon ses propres dires. En vérité, il finissait de dilapider les restes d'un héritage familial maternel. Pour Pierre Poulacre, cette rencontre fut une véritable révélation sentimentale. Sa mère lui avait tellement inculqué, depuis sa petite enfance, la méfiance de la gent féminine qui ne cherche qu'à débaucher les hommes (elle se référait évidemment à Clotaire qui n'avait pratiquement jamais remis les pieds au foyer conjugal et continuait infatigablement de courir le guilledou) qu'il ne douta un instant qu'avec ce beau jeune homme en kilt, de dix ans son aîné, il venait de trouver tout à la fois la tendresse d'un jupon qu'il avait toujours eu peur d'aller chercher près du sexe féminin, et en même temps un peu de cette autorité masculine que son père n'avait jamais exercée sur lui.

Quinze jours après leur première rencontre, oubliant l'école des Beaux-Arts, ils partaient tous les deux, la tête pleine de mille projets et leurs valises emplies de toiles vierges, de tubes de peinture et de pinceaux, peindre les paysages lumineux des Caraïbes.

C'est en téléphonant à sa mère pour lui réclamer de l'argent — trois mois après leur arrivée à Saint-Barthélemy — que Pierre Poulacre apprit la mort de l'auteur de ses jours. Celui-ci revenait de l'île de Ré avec Alcide Ritoux quand, sans qu'on en comprenne les causes (à l'époque on ne faisait pas de test d'alcoolémie), la voiture que conduisait Clotaire avait, en pleine ligne droite, brutalement heurté un platane. Les deux hommes étaient morts sous le choc.

Comme on s'en doute, Pierre Poulacre n'éprouva pas un profond chagrin en apprenant le décès d'un homme qu'il n'avait que rarement entrevu.

Mais, comme, selon le dicton, un malheur (à moins que ce ne soit un bonheur) n'arrive jamais seul, ce même jour, en revenant de téléphoner à sa mère, il trouvait un mot posé bien en évidence sur le lit qu'il partageait avec Edward Arthymore. Celui-ci lui annonçait son départ pour la Floride, à Key West, avec Yacintho, un bel éphèbe jamaïcain. À cette nouvelle, la douleur de Pierre Poulacre fut réelle. Pendant toute une semaine — le temps de recevoir le chèque de sa mère — il chercha tous les moyens possibles pour mettre fin à ses jours d'une façon propre et sans souffrance. En définitive, n'ayant pas réussi à choisir un mode de suicide à son goût, il opta pour un retour au bercail et pour la minoterie du Vieux Moulin qui lui revenait de plein droit, selon les volontés de sa mère puisque son père n'avait pas — apparemment — pris le temps de rédiger de testament.

Une altercation un peu plus vive entre deux cultivateurs, juste sous sa fenêtre, ramena le jeune P.-D.G. à la réalité. Il prit un acte notarié posé sur un coin de son vaste bureau et l'ouvrit pour le relire une fois de plus et regarder le plan cadastral joint :

— Il n'y a pas de doute, mon père a bien acheté les deux parcelles de vigne numérotées 19 et 20 appartenant à cet Albert Caillondeau au lieu-dit Le Peu des Corbaigeaux. La première fait 304 mètres carrés et la seconde un peu plus de 950. Donc, Gabriel Ritoux n'est pas chez lui sur la parcelle 19.

Il est bel et bien sur ma propriété qui, si on totalise l'ensemble, mesure mille deux cent cinquante-quatre mètres carrés exactement. Amplement suffisant pour construire, puisque selon la législation en vigueur dans cette zone, il suffit de mille mètres carrés.

Pierre Poulacre hocha silencieusement le chef :

« Je peux donc expulser cette espèce de galvaudeux quand je veux » et un sentiment de puissance éclaira un instant ses yeux pendant qu'il regardait distraitement ses ongles taillés avec soin.

À haute voix cette fois, il dit :

— … Et je ne vais pas m'en priver !

Curieusement, pendant que Pierre Poulacre, toujours confortablement installé dans son fauteuil directorial, échafaudait mille projets en consultant ses plans et ses actes, au sixième étage d'un H.L.M. avec vue imprenable sur la gare de triage, assis dans leur minuscule cuisine en Formica, sur des chaises elles aussi en Formica, Edmond Groubert et sa femme Malvina en faisaient tout autant. Ils consultaient un plan cadastral sur lequel on pouvait lire en grosses lettres sur la partie gauche occupant presque la moitié du plan : « Océan Atlantique ». Sur la partie droite, séparée de la partie gauche par un long trait représentant le cordon dunaire, des dizaines et des dizaines de minuscules parcelles étaient dessinées avec chacune un numéro inscrit à l'intérieur. Sur cette partie-là, la main appliquée d'un préposé aux plans avait écrit en belle écriture ronde le nom du lieu-dit : « Le Peu des Corbaigeaux ».

— Le Peu des Corbaigeaux ! C'est comme ça que j'appellerai ma boîte de nuit, se disait Pierre Poulacre en caressant distraitement du bout des doigts son menton rond et légèrement fuyant.

— Le Peu des Corbaigeaux ! Je te dis que c'est là que mon grand-père avait une vigne ! répétait pour la énième fois Malvina Groubert à son borné de mari.

Exaspéré, celui-ci montra la pile de vieux actes qu'elle avait ressortis du fond d'un placard :

— Alors, prouve-le !

Malvina regarda, trônant au milieu de la table, un pot en terre cuite dans lequel étaient piquées des roses en plastique. Elle eut envie de le lui jeter à la tête. Elle se retint et dit d'une voix qu'un énervement mal contenu faisait trembler :

— Je te le répète une dernière fois : mon grand-père a eu deux femmes…

Son mari l'interrompit :

— Je le sais. Depuis trente ans qu'on est mariés, tu as dû me le rabâcher plus de mille fois.

Malvina regarda à nouveau le pot de fleurs. Mais par souci d'économie, elle préféra ne pas le fracasser sur la tête d'Edmond. Elle continua en essayant de conserver son calme :

— Avec sa première femme, mon grand-père a eu un fils, Victor, mon père. Et, à la mort de mon père, j'ai hérité de la maison qui venait des parents de mon grand-père.

— Ça aussi je le sais. Et même que je sais aussi que Victor a eu une fille : toi ! Et c'est pas ce qu'il a fait de mieux.

Malvina ne releva pas l'insolence. Elle se contenta de répondre :

— Oui, mais sans moi, on n'aurait jamais eu la maison de mes arrière-grands-parents.

Edmond fit la moue et rétorqua sur un air grand seigneur :

— Parce que tu appelles ça une maison ? Moi, je dirais plutôt une baraque.

Malvina mitrailla du regard celui qui n'avait jamais été capable de lui offrir le moindre petit pavillon de banlieue avec jardinet — même pas en rêve — et poursuivit son raisonnement :

— Du vivant de ma grand-mère, ensemble, ils ont acheté de la vigne au Peu des Corbaigeaux. Ce n'est pas rien ! Les parcelles 17 et 18. Regarde ! 880 mètres carrés à elles deux !

Elle montra le plan étalé devant elle. Edmond fit semblant de regarder et Malvina continua :

— … Sans compter la parcelle 19. Puis ma grand-mère est morte et le bonhomme s'est remarié avec Adèle avec laquelle il a eu Léa, la défunte femme de Bébert Caillondeau, dit le Grand Bébert. C'est comme ça que ce vieux brigand de Bébert s'est accaparé cette vigne, la parcelle 19, alors que la moitié revenait à mon père. Et maintenant, cette moitié me revient puisque mon père est mort et le Bébert aussi. 304 mètres carrés divisés par deux : 152 mètres carrés ! Il ne faudrait pas l'oublier ! Et moi, je ne l'oublie pas ! Je saurai les faire valoir, mes droits !

Edmond Groubert acquiesça en silence. En vérité, il n'avait rien compris aux explications de sa femme, mais il était pressé de lire le magazine « Détective » auquel il était abonné.

Malvina était une petite bonne femme vieillie bien avant l'âge, toute sèche, à l'indéfrisable courte, grisonnante et raplapla sur sa petite tête de fouine, mais ses yeux, sous ses paupières fatiguées, brillaient d'une détermination infaillible. Elle brandit devant son mari un acte notarié de la même façon que la semaine précédente, pendant les jours de grève, elle agitait des pancartes revendicatives :

— Et je les obtiendrai, mes droits, ajouta-t-elle.

Edmond eut un vague mouvement de tête :

— Ils ne doivent pas être bien gros, tes droits, sur ce lopin de terre perdu dans les sables ; même pas de quoi s'offrir huit jours de vacances avec le comité d'entreprise.

Verte de colère, Malvina se leva brusquement. Se rappelant Mai 68, elle observa, l'œil mauvais, le crâne de son mari, luisant comme un casque de C.R.S. et se saisit du pot en terre, comme s'il s'agissait d'un pavé. Mais, après un moment de flottement, d'un pas sec, elle préféra aller le poser sur le buffet, hors de sa vindicte impulsive :

— Mais quand est-ce que tu comprendras, bougre d'âne, que ce terrain, si par lui-même il ne vaut rien, il vaudra bientôt une fortune si tu l'ajoutes aux 880 mètres carrés dont j'ai hérité de ma mère. 880 plus 152, ça fait plus de mille mètres ! Ça devient alors un terrain constructible ! Face à la mer ! Et quand tu vois comment montent les prix dans l'île, il n'est pas question que je laisse à qui que ce soit un mètre carré de la parcelle 19. Mais toi, tu ne vois pas plus loin que ta chopine de rouge !

Bien qu'il ne voulût pas l'admettre, Edmond Groubert était pourtant d'accord avec sa femme. Il approchait de la soixantaine, et la vente inespérée d'un terrain constructible à l'île de Ré ne pouvait que mettre un bon morceau de beurre dans la maigre retraite à laquelle il pourrait prétendre après avoir cotisé pendant quarante ans en qualité de nettoyeur de vitres à la R.A.T.P. Mais cela le chiffonnait fort que ce pactole provienne de l'héritage de sa femme ;

d'autant plus que, de son côté, il n'avait rien à espérer de ses parents qui avaient élevé leurs six gosses dans un bidonville où ils avaient eu mille peines à payer leur loyer.

Comme si elle lisait dans les pensées de son mari, Malvina Groubert ajouta, l'air vachard :

— Si tu veux venir en retraite à l'île de Ré, il faudra bien remettre en état cette maison. Ce n'est pas avec les trois sous que tu toucheras que tu paieras les travaux, et encore moins que tu feras construire une résidence sur mon terrain en bord de mer !

Edmond Groubert ne rétorqua pas. De toute façon, il n'avait pas envie de finir ses jours à l'île de Ré. L'air et le bruit de la mer l'incommodaient. Ils l'empêchaient de bien dormir et l'atmosphère humide de l'île lui donnait des rhumatismes. De plus, il n'aimait pas du tout la pêche, qu'elle fût à pied ou embarquée et il était allergique aux coquillages : dès qu'il se hasardait à manger la moindre crevette grise, une heure après il devenait rouge comme un homard bien cuit. Il se contenta donc, plutôt que de répondre à sa femme, de courber un peu plus sa silhouette croulante. Cette attitude, qui lui était coutumière, mit en évidence sa poitrine creuse et fit ressortir la masse cirrhotique de son foie tombant par-dessus la ceinture de son pantalon de travail. Depuis longtemps ses velléités de chef de famille avaient amené le pavillon blanc de l'abdication pour laisser flotter bien haut au plafond du foyer familial le pavillon rouge de la révolution permanente agité par celle qui fut peut-être, jadis, un très court temps, sa douce fiancée mais qui ne fut jamais sa tendre épouse.

Il savait bien qu'il n'aurait pas le dernier mot ; il se contenta donc de rentrer un peu plus sa tête chauve dans ses épaules tombantes en attendant la suite qu'il connaissait déjà. Et la suite vint, comme prévu :

— Si seulement tes parents avaient fait des économies au lieu de forniquer comme des lapins dans leur clapier, tu aurais peut-être hérité de quelque chose…

Elle posa fièrement une main sur les actes posés devant elle sur la table :

— Je suis une fille de propriétaires terriens, moi ! Moi, j'ai une maison et des terres à l'île de Ré ! Toi, tu n'es qu'un pauvre fils de zonard de banlieue merdique. Heureusement que tu m'as trouvée pour ne pas finir clochard sous les ponts.

« Bon ! Ça y est ! Elle a craché son venin » se dit Edmond.

Depuis qu'elle était passée, par ancienneté, chef d'une équipe de nuit dans une petite société responsable du nettoyage des wagons de la S.N.C.F., il n'y avait pas de jour où Malvina ne reprochait à son mari son incapacité, son manque d'ambition et surtout ses parents qui, toute leur vie, avaient vécu dans une vieille caravane en qualité de gardiens d'un entrepôt de véhicules destinés à la casse.

Le bruit de vapeur s'échappant de la Cocotte-Minute inconsciemment replongea la femme d'Edmond dans l'atmosphère de son travail, à l'époque de ses débuts dans la capitale. Elle eut l'impression d'entendre les grosses locomotives à vapeur, arrivant gare du Nord, dans le petit matin. Le balai sous le bras, un seau de détergent dans une main, une poubelle dans l'autre, combien de fois s'était-elle sentie mortifiée devant ces femmes richement vêtues qu'elle croisait sur le marchepied du wagon de première classe et qui la bousculaient sans même la voir, elle qui allait enlever leurs mégots empreints de leur rouge à lèvres, et les draps de leur couchette encore imprégnés de leur parfum. Tous les soirs, en astiquant les vitres noircies de fumée de l'Amsterdam-Paris elle ne se lassait pas de contempler avec envie, de l'autre côté du quai, les passagers de première classe du Paris-Stockholm via Copenhague. Elle les voyait s'installer confortablement dans le compartiment dont elle venait de dépoussiérer les sièges, balayer les couloirs et désinfecter les toilettes. Elle qui ne connaissait des trains que les rames immobiles sur des voies de garage, très vite alors, elle prit en grippe cette classe aisée dont elle se sentait être la servante.

Mais à partir de cette année, tout avait basculé. Son syndicat venait en effet d'obtenir de son entreprise, qui sous-traitait avec la S.N.C.F., une prime de cinq voyages gratuits par an en deuxième classe pour les simples laveurs de vitres, plus, pour les chefs d'équipe comme elle, un voyage aller-retour en première classe. C'est à cette même époque qu'elle apprit, par le notaire de Saint-Martin, qu'elle était propriétaire de terrains en bord de mer à Ré la Blanche. Il faut reconnaître que cette accumulation de bonnes nouvelles avait de quoi perturber la militante d'extrême gauche qu'elle était devenue au fil des années. Comme cela faisait huit ans qu'elle n'avait pas quitté sa banlieue, tout de suite elle se dit : « J'en profiterai pour retourner à l'île de Ré plus souvent. »

La Cocotte-Minute crachota un peu plus fort :

— Éteins le gaz sous les choux-fleurs, ordonna-t-elle à son mari alors qu'elle replongeait la tête dans ses dossiers.

Edmond Groubert obtempéra en silence.

Il s'ensuivit un calme relatif pendant lequel il regarda par la fenêtre les trains qui manœuvraient six étages plus bas. Depuis qu'elle était passée chef, Malvina avait des horaires plus souples et il déplorait cet état de fait qui donnait à sa femme plus de temps libre et lui enlevait, à lui, une relative indépendance. Il se demandait quel prétexte il pourrait trouver pour aller dimanche faire la belote avec les copains de l'immeuble quand, relevant son nez à l'arête tranchante, sa femme déclara d'une façon péremptoire :

— J'ai réfléchi. Je vais profiter du pont du 1er Mai et de mes billets gratuits pour aller régler à l'île de Ré cette affaire de terrain.

— C'est une bonne idée, acquiesça Edmond, satisfait de ne plus avoir à chercher de prétexte pour aller, le week-end prochain, se livrer à son sport favori.

Mais Malvina s'en fichait pas mal des appréciations de son mari. Elle se demandait, anxieuse, si, pour voyager en première classe, son vieux chapeau à voilette irait bien avec le tailleur vert pomme qu'elle avait acheté à la braderie du quartier, lorsqu'elle avait été promue chef.

IV

— LE TEMPS va se mettre au beau.

Assis sur la planche de ses cabinets, porte grande ouverte sur l'horizon, comme il en avait l'habitude tous les matins, Gabriel Ritoux venait ainsi de formuler à haute voix son bulletin météo.

Tout en remontant son pantalon, il contempla les trouées de ciel bleu entre les derniers gros nuages qui avaient apporté de l'eau toute la nuit ; il fit une grimace qui tordit son nez épaté aux narines larges et velues et gonfla ses joues rondes et rougeaudes car il venait de recevoir dans l'œil une ultime goutte d'eau tombée de l'appentis moussu de son lieu d'aisance.

Gabriel s'immobilisa au beau milieu de son terrain afin de s'assurer d'où venait le vent, et écouta la mer qui descendait et déjà « découvrait les écluses » en les parant d'une frange d'écume. Il secoua la tête de gauche à droite et se confirma à lui-même :

— Sûr que c'est du beau temps. Avec ces vents-là et la lune, la mer va bien descendre.

C'était la conclusion de son bulletin météo après avoir peaufiné ses observations ; et il se frotta les mains, satisfait.

Il faut dire que depuis qu'il avait élu domicile dans ce qu'il appelait toujours sa « résidence secondaire », car il n'avait pas encore vendu son terrain à Pouay-les-Étangs, il était devenu le fournisseur attitré en palourdes et bigorneaux, et parfois même en soles, de plusieurs restaurants de l'île. C'est une des raisons qui le faisaient s'inquiéter du temps à venir, car si les bigorneaux lui assuraient, quel que soit le temps, un minimum garanti — il y en avait toujours de grandes quantités sur les rochers — il n'en était pas de même avec les palourdes. Ces bivalves, si appréciés des gourmets, exposaient sans complexe leurs coquilles ternes et striées sur les plus somptueuses tables près de magnifiques huîtres, aux reflets de jade et de nacre. Ils avaient même souvent l'audace de trôner seuls au beau milieu d'une assiette, enveloppés des délicieuses émanations d'ail et de persil finement hachés, tout en prenant un ultime bain dans un beurre encore tout pétillant de la chaleur du four. Mais, dans leur milieu naturel, les palourdes étaient à la fois discrètes comme une nonne et capricieuses comme une star. Beaucoup plus que ces vulgaires bigorneaux qui partout exposaient bêtement leur coquille entortillée. Il suffisait que le vent tourne, que la lumière du soleil ne leur convienne pas, ou bien que la mer, en accord avec la lune ou le vent, refuse de descendre selon leur bon désir, pour qu'elles boudent et s'enfouissent dans le sable, disparaissant totalement de la vue du commun des pêcheurs, le laissant revenir bredouille. Mais Gabriel n'était pas le commun des pêcheurs. Le grand Bébert qui gardait pourtant jalousement secret ses lieux de pêche, lui avait indiqué, alors que la paralysie l'avait cloué définitivement sur son lit, un endroit, entre la Balise du Pendu et le Banc des Revenants, où les palourdes étaient si nombreuses, quel que soit le temps, qu'elles semblaient attendre qu'on vienne avec le persil haché et le beurre. C'est là aussi, selon la force de la marée et l'orientation des vents, que parfois, la nuit, Gabriel tendait son filet pour pêcher des soles.

Sans se préoccuper d'un léger crachin, dernier sursaut de la nuit pluvieuse, il réussit à chausser ses bottes, prit son panier sous le bras et son ciré sur le dos. Après avoir ajusté sa casquette de toile bleue d'où quelques mèches filasse débordaient, il jeta un œil vers le large. La mer recouvrait encore le Banc des Revenants, mais sans plus attendre, d'un pas ferme, il en prit la direction.

Sous la pression des pieds de Gabriel, le varech glissant exhalait un peu plus son odeur forte d'iode. Des petits crabes verts se sauvaient, toutes pinces dehors, avec la prétention de se croire menacés alors qu'ils n'étaient même pas bons à mettre dans la soupe. Sans ralentir le pas, le pêcheur regarda de ses petits yeux ronds la mer grise dont la houle, qui s'était formée dans la nuit, venait mourir sur les « murs d'écluses » en explosant en embruns que le vent projetait avec des morceaux d'algues arrachés à l'estran. Dans son corps rondouillard et trapu, la poitrine de Gabriel se gonfla et ses larges narines palpitèrent. Un sourire satisfait se dessina entre ses deux joues molles :

— Y a pas à dire, il a bien fait, le fils de Tonton Clotaire, de me virer de la minoterie, dit-il à une bouffée de vent qui, après avoir soufflé sur l'écume des vagues, courait vers les dunes pour en faire frémir les oyats.

C'est ce que se répétait Gabriel chaque fois qu'il partait à la pêche. C'est-à-dire presque tous les jours. Le reste du temps, il le passait au café de la Place, à jouer à la belote. C'est là, dans ce petit café-restaurant sans prétention, véritable A.N.P.E. avant l'heure, entre deux parties de cartes et un verre de rouge, qu'on lui avait proposé de faire porteur de hotte aux vendanges prochaines et de travailler à l'ostréiculture pour les expéditions d'huîtres de Noël. Le patron du café lui avait même offert une place de plongeur pour la saison estivale. Il n'avait donc pas à s'inquiéter pour son avenir. Ce nouveau genre de vie convenait à ravir à ses goûts simples. Il n'avait plus d'horaires, si ce n'est celui de la marée, et encore… Il n'avait aucun justificatif à donner s'il n'était pas allé au rendez-vous avec les palourdes sur le Banc des Revenants. Il lui suffisait simplement de dire à son acheteur : « Pas de palourdes aujourd'hui. La mer n'est pas descendue, je n'ai pas pu en pêcher. » Et le lendemain, le restaurateur lui en achetait le double.

Il n'y avait pas dix minutes que le pêcheur venait de quitter sa demeure, que Malvina Groubert s'efforçait de gonfler le vélo rouillé du grand-père.

Elle était arrivée à l'île de Ré la veille, par le dernier bac qu'elle avait d'ailleurs failli rater, le train ayant eu du retard. Mais assise confortablement dans un compartiment de première classe, son petit chapeau bien posé sur le sommet de son crâne, elle n'avait pas vu le temps passer. Sans cesse, la tête appuyée sur la dentelle du dossier, elle recommençait de savants calculs qui avaient pour base le prix du mètre carré de terrain, sur le bord de mer, à Ré la Blanche. Mais ses cogitations mathématiques s'égaraient bien vite pour faire place à des rêves de luxe que lui procuraient ce voyage en première et la prévision d'une grosse rentrée d'argent.

Curieusement, elle ne remit vraiment les pieds sur terre qu'en mettant le pied sur l'eau, enfin, plus exactement sur le bac. C'est à ce moment, en effet, qu'un coup de vent lui arracha irrespectueusement son bitos. Avant de faire le moindre geste pour le retenir, elle le vit s'envoler dans la nuit pour disparaître aussitôt dans les eaux glauques de l'avant-port. Considérant qu'en tant que passagère, elle avait des droits, elle eut envie d'aller porter plainte auprès du capitaine du navire, mais il aurait fallu pour cela qu'elle escaladât une grande échelle en fer conduisant au poste de commandement. Elle ne s'en sentit pas le courage ni le cœur suffisamment marin pour donner suite à ses intentions revendicatives.

Elle oublia un peu sa déconvenue en trouvant, sur le bateau, un conducteur compatissant qui voulut bien l'emmener jusqu'à l'entrée du village, car à cette heure tardive, il n'y avait plus d'autobus, et Malvina n'avait pas envie de faire des frais de taxi, en supposant qu'il y en ait eu un à l'attendre.

Elle traversa le bourg désert et à peine éclairé, sa petite valise à la main, ses frisettes grisonnantes collées sur son visage émacié par la brève averse qui venait de tomber et les pieds torturés par des souliers au cuir durci pour être restés trop longtemps oubliés dans le fond d'un placard. Chaque pas la faisait horriblement souffrir. « Si j'étais à Paris, il y a longtemps que j'aurais pris le métro » se prit-elle à penser. Et elle se demanda si elle n'aurait pas des difficultés à refaire sa vie dans une île qu'elle avait quittée trente ans plus tôt et où elle n'était revenue que de très rares fois ; la dernière, pour régler cette histoire d'héritage.

Une risée de vent à un coin de rue la fit frissonner dans son petit tailleur vert pomme tout fripé, transpercé par la pluie. Qu'il était loin le confort des premières classes auquel elle avait eu droit en sa qualité de chef d'équipe ! Mais heureusement, elle parvenait à l'étroite ruelle au fond de laquelle était la maison de son grand-père dont elle était maintenant propriétaire. En apercevant le puits avec sa potence en bois, sur laquelle elle avait bien souvent déchiré sa culotte en jouant à chat perché quand elle était petite fille, elle ne ressentit aucune émotion. Elle avait bien trop mal aux pieds pour se laisser attendrir par des souvenirs d'enfance. Dans deux minutes, elle allait pouvoir, enfin, libérer ses orteils blessés du carcan qui les enserrait, et elle ne pensait qu'à cela.

Après avoir bataillé avec la serrure et réussi à ouvrir la porte d'un coup d'épaule, Malvina s'empressa de se débarrasser de ses chaussures dès qu'elle eut pénétré dans le couloir obscur et humide. Le contact frais du sol en terre battue lui fit pousser un soupir de soulagement. En même temps une forte odeur de moisi envahit ses poumons. Avançant à tâtons, elle devina sous sa main gauche la cloison de planches séparant l'unique pièce du rez-de-chaussée du couloir où elle avançait prudemment et, sous l'autre main, le contact râpeux du mur décrépi. En face d'elle, une faible lueur au niveau du sol, lui fit deviner la porte débouchant sur la minuscule cour, où se trouvaient, du temps de ses grands-parents, la buanderie, les cabinets, la cage à poules et le clapier. L'ensemble ombragé par les larges feuilles d'un énorme figuier dont personne ne savait plus qui l'avait planté.

— Maintenant que j'ai des billets gratuits, il faudra que je vienne plus souvent pour aérer, se dit-elle pendant que ses boucles aplaties faisaient office de tête-de-loup parmi les toiles d'araignées qui descendaient du plafond bas.

Elle continuait d'avancer dans l'obscurité à la recherche du disjoncteur électrique quand son tibia rencontra la pédale d'un vieux vélo sournoisement tapi dans le noir. Elle poussa un cri de douleur et ne se sentit mieux qu'après avoir copieusement injurié son mari :

— Espèce de fainéant d'Edmond ! Pourquoi ne l'a-t-il pas jeté à la décharge comme je le lui avais demandé ? Crétin !

Enfin, toujours dans le noir, elle repéra le disjoncteur dans la cuisine où à l'odeur de moisissure se mêlaient des relents d'huile rance et de fumée froide. Après avoir longuement cherché du bout des doigts, elle mit la main sur l'interrupteur sur lequel elle appuya. La petite lampe qui pendait du plafond, au bout de son fil, jeta une lumière crue qui aveugla Malvina, avant d'émettre aussitôt un imperceptible « clac » sournois. Dans le même instant, ce fut à nouveau la nuit la plus profonde.

— Merde ! la lampe est grillée.

Heureusement un lointain souvenir de sa petite enfance resurgit brusquement sous l'indéfrisable de Malvina. Elle se souvint qu'il y avait toujours eu des bougies sur la table. Son grand-père les laissait là en permanence à la portée de la main, sur la toile cirée décolorée, après avoir considéré comme un luxe inutile l'installation de l'électricité dans l'unique chambre du premier étage. « On n'a pas besoin de voir clair pour dormir » avait-il décrété alors.

— Pourvu que ce con d'Edmond ne les ait pas changées de place, la dernière fois qu'il est venu ! lança-t-elle à haute voix.

Mais non, les bougies étaient bien là. Elle fouilla alors dans ses poches à la recherche de son briquet et enfin une lumière tremblotante éclaira la pièce dans laquelle ses grands-parents avaient vécu toute une vie.

La faible lueur mit en évidence les murs crevassés où s'accrochaient de grosses toiles d'araignées contemporaines de ses aïeux depuis longtemps disparus ; l'unique fenêtre, au chambranle descellé, était prête à tomber en miettes sur le sol avec son dernier carreau, et les volets, dont les planches disjointes laissaient pénétrer la pluie ne devaient leur relative verticalité qu'à un complexe amarrage de fil de fer. En face d'elle, le manteau de la vieille cheminée en tuffeau, tout noir de fumée, était profondément fendu en son milieu et prêt à s'effondrer dans le foyer sur les cendres grises colmatées par les eaux de pluie.

Devant ce spectacle de désolation, peut-être par osmose, le visage de Malvina habituellement gris muraille commença à prendre la couleur des cendres. Ses pensées aussi prirent la même teinte.

Elle s'octroya une gauloise et essaya néanmoins d'accrocher ses espoirs et son regard aux rares meubles adossés aux murs. Mais il était évident, au premier coup d'œil, qu'il ne restait plus du vieux buffet, de la table bancale et des trois chaises qui meublaient la pièce que ce que les termites n'avaient pas voulu dévorer.

Était-ce à cause du voyage ou de l'environnement ? Malvina se sentit brusquement très lasse et se mit à regretter son F3 au sixième étage. Laissant tomber à ses pieds la petite valise qu'elle n'avait jusque-là pas lâchée, elle jeta, machinalement, un regard au plafond. Le spectacle était encore plus triste qu'autour d'elle. Des gouttières tombant du toit avaient traversé le plancher de la chambre. Avec le temps, elles avaient détérioré les planches de pin et rongé sérieusement les poutres avec la coopération des termites. C'est alors que Malvina prit une goutte d'eau dans l'œil. C'était un peu comme une larme que la dure bataille de la vie lui avait appris depuis longtemps à ne plus verser. Serrant les dents, elle choisit la moins bancale des trois chaises et y posa ses fesses maigres.

Mais elle n'était pas du genre à se laisser emporter par la nostalgie du passé. Les yeux fixés sur la flamme de la bougie et la cigarette au bec, elle revint par la pensée sur les lieux de son enfance jusqu'aux mois qui suivirent la Libération, quand tous les soirs on dansait sur la place décorée de drapeaux tricolores, au son d'un accordéon ou d'un phonographe. Elle revit celui qui se faisait tout simplement appeler Jo, ce beau lieutenant de la Résistance avec des galons et des médailles un peu partout sur le képi, les manches, les épaules et la poitrine. À la lueur des lampions, il l'avait fait danser, pendant tout un bal, des valses étourdissantes et des tangos langoureux avant de l'emmener dans les dunes sans lâcher sa taille. Allongés nus, face à la mer, entre deux caresses il lui avait promis Paris et ses merveilles et elle l'avait cru. Les premiers jours dans la capitale, elle, fille et petite-fille de pauvres paysans ne possédant qu'une maison déjà vétuste et quelques maigres petits ares de vigne dans des sables balayés par les embruns, elle avait pensé vivre un merveilleux conte de fées. Mais ce fut un conte très bref. Juste quelques pages vite tournées et aussitôt froissées. Dans cette période trouble d'après-guerre, à peine arrivée à Paris, elle ne tarda pas à comprendre que les galons sur les épaules du beau conquérant n'étaient que du clinquant et que le théâtre de ses exploits n'avaient jamais eu pour autre cadre que des banlieues minables et des cafés louches. Quand on emmena à Fresnes le pseudo-héros, pour usurpation d'identité et trafic d'alcool et de cigarettes, Malvina se retrouva seule, plus perdue dans le tourbillon de la grande ville qu'en plein océan dont, en tant qu'insulaire, elle connaissait bien les tempêtes. Prête à échouer sur le trottoir, elle s'accrocha à la première bouée venue. Et cette bouée s'appelait Edmond Groubert.

Un frisson parcourut sa colonne vertébrale saillante et tira Malvina de ses souvenirs. D'une chiquenaude, elle envoya son mégot dans la cheminée :

— Il n'était déjà pas beau, il était fauché, mais au moins il avait une piaule pour dormir…

Un court instant, elle pensa avec amertume à Lucienne, la fille de son demi-oncle Bébert. Il fallait bien qu'elle se retrouve là pour penser soudain à elle. Jamais elle ne l'avait aimée, cette Lucienne qui souriait toujours pour montrer ses belles dents blanches ; la chouchoute de l'instituteur, avec ses robes à rubans sous lesquelles on devinait déjà la naissance d'une poitrine alors qu'elle n'avait même pas le certificat d'études !

Un rictus amer se dessina au coin de la bouche de Malvina :

— Quand je pense que sous ses petits nichons arrogants, elle dissimulait la tuberculose ! maugréa-t-elle, scandalisée.

La libération de l'île de Ré et les premières émotions amoureuses de Malvina et de sa cousine Lucienne survinrent tout en même temps que la venue de Jo, le beau lieutenant à la moustache à la Clark Gable. Avec amertume, Malvina se souvint que le militaire avait tout de suite remarqué le sourire éclatant et les jeunes seins de Lucienne parmi toutes ces jeunes Rétaises qui se pressaient sur la place de l'Église pour danser dans les bras de ces soldats auréolés de gloire. Mais comme, malgré l'insistance du séduisant Jo, Lucienne n'avait pas voulu s'aventurer la nuit dans les dunes, le militaire considérant qu'il avait perdu une bataille mais pas la guerre, fit alors un mouvement de repli sur Malvina, tout heureuse qu'on s'intéressât à elle, et de pouvoir tenter en même temps une première expérience sexuelle.

— Quand je pense que je croyais qu'il avait succombé à mon charme ! Si j'avais su… admit Malvina à haute voix, mais le « toc » un peu plus fort d'une goutte d'eau tombant du plafond dans une cuvette en zinc la ramena totalement au présent. Elle s'ébroua énergiquement et, des yeux, fit le tour de son héritage immobilier :

— À coup sûr, il y a beaucoup de travaux à effectuer, si on veut y venir en retraite, remarqua-t-elle en guise de constat.

D'un mouvement sec, elle se leva.

En traversant la petite pièce, elle pensa encore à sa cousine Lucienne : « Qu'est-elle devenue, cette espèce de pimbêche ? À l'heure qu'il est, elle doit sûrement croupir dans un sana, si elle n'est pas déjà morte… » Mais elle avait d'autres soucis en tête pour s'apesantir sur le sort d'une cousine qu'elle n'avait pas revue depuis plusieurs décennies.

La bougie à la main, elle grimpa avec précaution l'escalier aux marches vermoulues. Arrivée dans la chambre, elle enjamba les planches pourries, sortit de sa valise le sac à viande qu'elle s'était confectionné dans des draps subtilisés à la S.N.C.F. et l'étendit sur le vieux lit bateau au plaquage décollé. Prestement, elle se glissa dans son sac après avoir disposé son tailleur mouillé au pied du lit.

— Il faut absolument que je vende ces terrains sur le bord de la falaise si je veux remettre en état cette baraque, se répétait-elle sans cesse sans parvenir à trouver le sommeil.

C'est pour cette raison que dès le lendemain matin, les paupières encore plus frippées que d'habitude, elle tentait de gonfler le vélo qu'Edmond n'avait pas jeté à la poubelle. Mais tous ses efforts furent vains. Elle décida donc de se rendre à pied jusque sur « ses terres ».

En refermant la porte sur elle, elle regarda, stupéfaite, la maison de son demi-oncle Bébert, à l'angle de la ruelle et de la rue des Figuiers. La veille au soir, en rentrant, elle avait eu trop mal aux pieds pour en prendre cas. Elle en avait gardé le souvenir d'une masure à peine en meilleur état que celle dont elle avait hérité de son grand-père ; et là, ce matin, devant ses yeux, à la place d'une ruine se dressait une grande demeure d'un étage fraîchement peinte en blanc à l'exception de la bande coaltarée au niveau du sol, selon une vieille tradition rétaise. Huit paires de volets au vert épinard chatoyaient sous le soleil matinal. La treille qui entourait la porte d'entrée avait été fraîchement taillée et des roses trémières étiraient leurs longues tiges aux larges feuilles vert pâle contre la façade.

Malvina eut une moue de dédain :

— Cette bicoque fait trop rétaise pour appartenir à des gens du village. À coup sûr, la Lucienne aura vendu la maison de son père pour se soigner les poumons et se payer une belle pierre tombale, se dit-elle.

En tournant le coin de la rue, elle ajouta pour elle-même :

— Avec la vente de mes terrains du Peu des Corbaigeaux, moi je vais me faire restaurer une maison à rendre folle de jalousie la Lucienne si jamais elle n'est pas morte et si un jour elle repointe ses grosses fesses dans la ruelle.

En traversant le village, elle ne rencontra que trois vieilles femmes qui la dévisagèrent avec curiosité et méfiance et Yvette, une copine d'école primaire. En voyant approcher Malvina, celle-ci continua de balayer son trottoir tout en l'observant avec insistance par-dessus son manche à balai. Curieusement, Yvette avait conservé la même chevelure toute frisée sur son visage grassouillet, la même raie sur le milieu du crâne, et la même petite frange tombant sur le front.

La vue de celle avec laquelle elle avait joué à la marelle dans la rue où ne passaient alors que des charrettes et quelques vélos fit naître l'amorce d'un sourire sur les lèvres minces de Malvina et un court instant, elle eut l'intention d'aller l'embrasser. Mais Yvette, après l'avoir sans doute reconnue, s'empressa de rentrer chez elle en claquant la porte.

Malvina chercha longtemps les terrains de son grand-père, unique objet de sa venue dans l'île.

Elle se souvenait très bien de la vigne pour y être souvent allée, quand elle était gamine, au moment des vendanges. Aujourd'hui il n'y avait plus que de grandes fougères et les ceps avaient été depuis longtemps arrachés pour faire des flambées dans la cheminée.

Enfin, à l'aide du plan qu'elle avait amené avec elle, elle retrouva les traces du chemin qui tournait à l'équerre et délimitait sur deux côtés le terrain familial. Depuis qu'il n'était plus fréquenté, il avait aussi disparu sous les fougères ; le sable, poussé par le vent, en avait en partie bouché les ornières. Mais une grosse pierre à demi enfouie émergeait encore et en marquait toujours l'angle.

Malvina posa un pied conquérant sur la pierre :

— Là, commence ma propriété. Là, commence la parcelle 17. Et par là, la 18 et la 19.

L'autre grande longueur était facile à déterminer puisque sa limite naturelle était de trente-cinq mètres tout le long de la falaise.

Elle regarda à nouveau le plan. Armée d'un double décimètre, elle constata qu'il y avait exactement vingt-huit mètres de la pierre d'angle à la falaise.

Jetant son mégot, dont le vent d'ouest lui renvoyait la fumée dans les yeux, elle gonfla sa maigre poitrine et, à grandes enjambées bien régulières, longues, à peu de choses près, d'un mètre, elle entreprit de mesurer la largeur.

Au bout de vingt-trois enjambées, elle se retrouva à l'aplomb de la falaise. Surprise, elle vérifia sur son plan. Elle ne s'était pas trompée. C'était bien vingt-huit mètres. Elle recommença donc à mesurer avec application, en sens inverse.

— Vingt-trois ! s'exclama-t-elle, déconfite mais non vaincue, lorsqu'elle fut parvenue à la pierre.

Elle recommença donc encore une fois en direction de la falaise.

— Vingt-trois ! Merde alors !

Perplexe et totalement indifférente aux couleurs de l'estran, aux senteurs d'iode et de sel qu'il exhalait, Malvina alluma une cigarette et jeta machinalement un coup d'œil à ses pieds. C'est en voyant l'éboulis de pierres calcaires, en contrebas, qu'elle comprit où étaient passés les cinq mètres de terrain qui lui manquaient : à chaque grande marée, à chaque grosse tempête, depuis des années, la mer dévorait inexorablement une part de l'héritage de Malvina. L'océan s'était mis goulûment à table, grattant d'abord les joints d'argile afin de mieux décoller ensuite les grosses pierres blanches. Et, à voir le travail de sapage qu'elle avait ébauché au pied de la falaise, il était aisé de deviner que la mer n'avait pas envie de s'arrêter là.

Malvina calcula rapidement :

— Cinq mètres de large, sur près de trente de long, ça fait au moins cent cinquante mètres carrés que la mer m'a bouffés. Il faut vraiment que je me presse à le vendre et que je m'arrange pour que l'acquéreur ne vienne pas mesurer sur le terrain.

En longeant la bordure écroulée de sa propriété, elle ne prit pas garde ni aux panicauts maritimes qui écorchaient ses jambes, ni au tapis d'immortelles, ni aux liserons soldanelles en fleur qu'elle écrasait sous ses pieds. Le plan ouvert devant elle, Malvina arriva devant le barbelé qui bordait un des côtés de la propriété de Gabriel Ritoux. Ses petits yeux gris en firent rapidement le tour :

— Ça, c'est le terrain que mon oncle Bébert m'a volé, la fameuse parcelle 19, murmura-t-elle entre ses lèvres ombrées de quelques poils noirs qu'une ménopause précoce avait fait naître.

Pour plus de certitude, elle en mesura les cotes sur le plan et, comme tout à l'heure, à grandes enjambées, elle en vérifia la longueur sur le terrain :

— Trente-huit mètres de long ; huit de large. C'est bien la parcelle 19. Celle dont j'ai droit à la moitié.

Elle jeta un œil hautain sur le terrain où logeait Gabriel Ritoux :

— Le clodo, ce ne sera pas un problème pour le mettre dehors, quand je vendrai.

Et, pour la première fois, elle regarda l'horizon d'un air triomphant :

— Mon terrain, plus la moitié de la parcelle 19, voilà un beau terrain à bâtir dont la vente va me permettre de reconstruire ma baraque.

En se disant cela, elle arpentait d'un pas de conquistador cette parcelle 19 qu'elle allait vaillamment reconquérir. Tout en marchant, la tête haute, parmi les hautes fougères, elle pensait à l'avocat, membre actif, comme elle, du mouvement extrémiste dans lequel elle militait depuis plus de quinze ans : « Il ne me refusera pas de s'occuper de mon affaire. » Mais ses élucubrations s'arrêtèrent net à l'aplomb du puits qu'elle n'avait pas vu. Un pas de plus et c'était le plongeon.

Satisfaite néanmoins de sa démarche sur le terrain, elle reprit le chemin de sa maison en se disant qu'elle n'avait aucune raison de s'attarder dans l'île et qu'elle pourrait très bien reprendre le train du soir.

Elle avait la tête encore perdue dans ses calculs quand elle arriva au puits situé à l'entrée de la ruelle — qui, lui, était nanti d'une margelle en pierre — et dans lequel ses grands-parents venaient, jadis, puiser l'eau potable. Une D.S. blanche, portes et coffre ouverts, était garée devant la belle maison fraîchement repeinte, et obstruait en partie l'étroit passage.

« Tiens ! Les nouveaux propriétaires viennent d'arriver », se dit Malvina en voyant une jeune femme occupée à sortir du véhicule de grosses valises de cuir.

Comme elle parvenait au niveau de la voiture immatriculée en Suisse, une autre femme sortit sur le seuil de la porte. Elle tenait contre son opulente poitrine, une espèce de peluche pleine de poils, décorée en son sommet d'un petit nœud rouge. À la vue de Malvina, la peluche aboya agressivement sur un ton aigu. Celle qui la tenait dans ses bras la menaça de son index levé :

— Tais-toi, ma chérie, laisse parler Maman.

Elle continua en s'adressant à celle dont le corps était à moitié plongé dans le coffre pour ne laisser apparaître que deux longues jambes surmontées d'une élégante paire de fesses :

— Jane ! Surtout, n'oubliez pas de sortir le tapis de mon bébé, car lui aussi est fatigué par le voyage.

Au premier coup d'œil lancé à la dérobée, Malvina estima que cette femme qui venait de parler devait bien avoir le même âge qu'elle, mais que, contrairement à elle, elle devait être très riche. Ce rapide jugement sur l'état de sa fortune s'appuyait non seulement sur l'aspect de la voiture et la qualité des valises, mais également sur les bijoux qui, à ses oreilles, à son cou, à ses poignets et à ses doigts étincelaient au soleil. Quant à l'âge, Malvina l'avait rapidement estimé au visage, malgré un maquillage appliqué, et aux rondeurs que ne pouvait dissimuler une jolie robe à fleurs dont les larges plis ne suffisaient pas à cacher l'épaisseur un peu molle et ridée du cou, des bras et des hanches.

Décidée à ignorer cette nouvelle venue, et prête à la détester, Malvina fixa les cailloux de la ruelle, raidit son allure et affermit le pas pour passer entre la voiture et la femme, avec l'intention ferme de ne pas la saluer. Elle n'était plus qu'à trois pas du véhicule quand celle qu'elle avait déjà catalogué de « puant le fric » s'exclama :

— Malvina !

Dans le même temps, le chien-chien d'ornement se crut obligé d'aboyer plus fort.

Instinctivement, Malvina se bloqua net dans ses vieux souliers au cuir desséché et fit même un pas en arrière, vieux réflexe de sécurité appris dans les manifs. Malgré ce geste de protection, avant même qu'elle puisse faire « ouf », elle se trouva immobilisée dans les bras de la femme aux bijoux presque aussi solidement que dans ceux d'un C.R.S. Mais au lieu de sentir le contact douloureux des boutons d'uniforme et de respirer des relents de gaz lacrymogène, la pommette de sa joue maigre vint heurter une grosse broche en or et ses poumons s'emplirent des senteurs de chez Chanel, qu'elle reconnaissait bien pour les avoir souvent respirées en changeant les draps des wagons-lits. Quand son petit corps gringalet fut enfin libéré de l'étreinte de la femme qui l'écrasait contre son opulente poitrine, Malvina regarda de haut en bas celle qui lui adressait un large sourire. La double rangée de dents blanches bien régulières entre les lèvres peintes lui permit de reconnaître celle qui l'avait assaillie. Aussitôt elle ajouta pour elle-même : « C'est pas possible, elle s'est sûrement fait faire un dentier. » Enfin, ne pouvant fuir, elle s'exclama à son tour :

— Lucienne !

Mais dans sa voix, il y avait le même entrain que lorsque à une heure du matin dans le brouillard de la gare du Nord, un pied sur la première marche du wagon, l'autre encore sur le quai et tout son matériel de nettoyage dans les bras, elle se répétait « Au boulot ! » histoire de se donner du courage.

Comme dans la grisaille des quais, elle chercha son paquet de gauloises.

V

PIERRE POULACRE N'AVAIT JAMAIS EU vraiment le cœur à la minoterie, mais depuis qu'il l'avait vendue, il n'avait plus qu'une hâte : laisser son fauteuil à son successeur et partir à l'île de Ré réaliser sur le terrain les projets de son futur hôtel-restaurant. D'ailleurs, il en gardait toujours un plan ouvert sur son bureau vers lequel il s'échappait dès que la réalité de ses fonctions directoriales lui apparaissait trop astreignante.

Il était justement perdu dans ses rêves quand, sans se donner la peine de frapper, une espèce de gorille transpirant et poussiéreux vint interrompre ses élucubrations. Sur le visage noir de soleil et de poussière de l'intrus, la sueur sourdait de dessous sa casquette crasseuse et traçait des rigoles qui allaient se perdre dans l'épaisse toison noire débordant de sa chemise déboutonnée jusqu'au nombril.

Avant que Pierre Poulacre soit tout à fait revenu vraiment sur terre, l'homme avait déjà posé ses deux gros poings sur son bureau, sans prendre garde au plan qu'il froissait allègrement de ses cent trente kilos. Apparemment, il avait l'air de très mauvaise humeur. Prudent, le directeur de la minoterie recula légèrement son fauteuil, tant pour échapper à un éventuel geste de colère incontrôlée qu'aux nombreux postillons et à la forte odeur qui émanaient de cette force de la nature. En même temps que le paysan céréalier vociférait, il projetait également tout autour de lui les gouttelettes de son abondante transpiration accrochées un instant à ses épais sourcils, ainsi que des relents de gas-oil et d'étable s'échappant de tout son corps en sudation. Les narines délicates de Pierre Poulacre décelèrent même, parmi tout ce florilège de parfums, quelques subtiles émanations générées sans aucun doute par une absorption importante de saucisson à l'ail et de vin rouge. Il est vrai qu'il était dix heures du matin, et qu'à la campagne on casse la croûte de bonne heure.

Un quart d'heure plus tard, après que Pierre Poulacre eut promis de faire le maximum pour le satisfaire, le paysan, à peine calmé, sortait enfin du bureau laissant derrière lui une forte odeur de

France profonde et de joyeux pique-nique. Les murs résonnaient encore de la gueulante qu'il venait de pousser, que le jeune directeur de la minoterie, afin de bien vite oublier cette brute, s'empressa de s'enfuir, sur le papier, dans le grand appartement qui serait le sien. Il l'avait voulu confortable avec une vaste baie vitrée ouvrant sur la mer. Là, il en était certain, l'immensité mouvante du large ne manquerait pas de lui inspirer des poèmes qu'il lirait aux clients de l'hôtel, assis confortablement devant un feu de cheminée, un verre de whisky à la main. Et un jour, sans aucun doute, il serait publié. Enfin, la gloire !

Peut-être était-ce parce qu'il venait d'évoquer l'océan, il se sentit brusquement bien seul, comme naufragé parmi tous ces gens qui ne parlaient que de tracteurs, de vaches laitières, de rendement à l'hectare, d'orge, de blé, de maïs... Il aurait tant aimé, lui, trouver un être avec lequel il aurait discuté de la décoration de son futur restaurant, de la couleur des tentures, des canapés, des chambres de l'hôtel ; un être tendre et aimant avec lequel il aurait choisi l'ameublement du nid d'amour qu'ils auraient partagé.

Pierre Poulacre était toujours plongé dans ses pensées un tantinet nostalgiques, quand un silence inaccoutumé le sortit du monde où il s'était réfugié. Se demandant s'il n'était pas l'objet d'un malaise, il se frotta les oreilles. Le silence persistait, à l'exception des moineaux qui piaillaient et des pigeons qui roucoulaient au sommet des silos. Mais, plus le moindre écho des fortes voix paysannes ; juste quelques ronronnements de tracteurs. Inquiet, il regarda par la fenêtre. Au-dessous de lui, dans la vaste cour, il aperçut le paysan venu, quelques minutes plus tôt, faire un esclandre dans son bureau. Il était comme figé, les yeux exorbités et la bouche grande ouverte. On aurait pu croire qu'il venait de voir apparaître la Sainte Vierge à moins que ce ne fût le diable. Intrigué, Pierre Poulacre, se pencha un peu plus afin de comprendre ce qui pouvait fasciner ainsi l'irascible paysan. Il ne vit que les chromes étincelants d'une énorme Buick stationnée en contrebas. Il pensa qu'il s'agissait, sans aucun doute, d'un des nouveaux propriétaires de la minoterie. Mais, quand la porte de la voiture américaine s'ouvrit, laissant apparaître une jupe plissée en tweed sur des mollets bronzés ensoleillés de poils roux, Pierre Poulacre crut se trouver mal. Il n'eut que le temps de se laisser tomber dans son fauteuil, une main sur le cœur, les larmes aux yeux.

Deux minutes plus tard, il était dans les bras d'Edward Arthymore, le seul être qu'il aimât vraiment.

À midi, ils déjeunaient en tête à tête sur la terrasse d'un restaurant du port d'Ars-en-Ré où l'Écossais infidèle, débordant de prévenances et de repentir, s'affairait à décortiquer la pince d'un homard pour son ami. Au dessert, Pierre Poulacre, ému par tant de sollicitude, avait depuis longtemps pardonné la fugue du viril Edward tout empressé, car il savait maintenant avec qui il allait partager son futur appartement avec vue sur la mer.

Pendant ce temps, malgré mille prétextes tous plus fallacieux les uns que les autres, Malvina n'avait pu échapper à l'insistante affection de Lucienne qui avait l'air particulièrement heureuse de renouer avec celle qui avait partagé son enfance. Mais alors que le bras charnu de la riche cousine était posé sur les épaules étroites de Malvina et l'entraînait chez elle, la préposée au nettoyage des wagons avait l'impression désagréable d'être une pauvre petite souris prise entre les pattes d'une grosse chatte. Peut-être était-ce à cause des dents blanches de Lucienne qui n'arrêtait pas de lui sourire en lui faisant respirer son Chanel N° 5 ? Pourtant celle-ci n'avait pas du tout l'intention de la dévorer. C'était certain, elle avait l'air d'une grosse chatte, mais d'une chatte de bonne famille habituée à dormir sur des coussins brodés ; une chatte qui n'attend pas après un vulgaire rongeur pour satisfaire son appétit.

Allongée sur son tapis, étalée au creux d'un fauteuil, l'affreuse peluche à quatre pattes continuait de grogner en regardant Malvina. Apparemment elle avait deviné que tous deux n'étaient pas du même monde et admettait mal qu'une prolétaire vienne fouler sa moquette.

Du haut de l'escalier, Jane qui redescendait pour aller chercher les dernières valises, jeta un rapide coup d'œil aux deux femmes : « On dirait Laurel et Hardy, version féminine », se dit-elle en se retenant pour ne pas rire.

Tandis que Lucienne était penchée derrière un petit bar en acajou sur le coin duquel un ivrogne en bronze s'accrochait à un réverbère du même métal, Malvina avait pris place sur le bord d'un profond coussin de cuir dans le grand salon richement décoré de meubles anglais. Elle étreignait, dans ses bras maigres, ses genoux osseux, tout en laissant courir son regard ébahi sur les épaisses tentures qui tamisaient la lumière extérieure, sur la bibliothèque aux rayons chargés de livres à la brochure dorée, sur les porcelaines chinoises, sur les opalines translucides, sur les nombreuses miniatures qui ornaient la tapisserie d'un bleu profond et sur l'énorme guéridon soutenu par un colosse de chêne sur lequel trônait une aiguière en cristal ciselé posée sur un plateau d'argent.

Lucienne se redressa, le visage congestionné mais toujours aussi avenant :

— Que préfères-tu ? Whisky ? Vodka ? Porto ? Pineau ? Pastis ? Ou bien du champagne pour fêter nos retrouvailles ?

Malvina sursauta et interrompit à regret la visite qui lui rappelait les photos qu'elle avait déjà vues dans les pages d'un numéro de « Votre Maison » oublié sous une couchette par une passagère.

Bien qu'elle n'en eût bu que rarement, elle n'aimait pas le champagne qui la faisait roter. Elle était plus habituée au Pernod. C'est ce qu'elle prenait avec les camarades après chaque réunion du parti, mais là, sans même savoir pourquoi — sans doute à cause du décor — elle annonça après un court instant d'hésitation :

— Un whisky !

— Irlandais ou écossais ?

La question était embarrassante.

— À moins que tu préfères un Bourbon du Kentucky. Walter, mon mari, en a rapporté un excellent lors de son dernier voyage aux États-Unis, précisa Lucienne qui, toujours derrière le bar, disposait une ribambelle de bouteilles les unes à côté des autres.

— Alors, un bourdon du Comtudi, claironna Malvina, sans avoir compris de quoi il s'agissait.

Elle n'entendit pas la musique guillerette des glaçons que Lucienne faisait danser dans les verres de cristal tout en chantonnant le dernier succès de Bécaud ; elle était encore trop abasourdie par la résurrection de sa cousine. Depuis le temps qu'elle l'avait perdue de vue, elle l'avait enterrée dans sa mémoire ; seule la tuberculose, dont elle la croyait morte depuis longtemps, la faisait revivre parfois, un court instant dans son esprit quand, autour d'elle, on évoquait cette maladie. Et voilà que brusquement elle ressuscitait, exposant, dans toute sa plénitude, le bonheur de vivre sa cinquantaine bien sonnée.

Sur un ton qu'elle aurait voulu joyeux mais qui tintait aussi lugubrement qu'une vieille cocotte en fonte fendue en son milieu, Malvina déglutit sa salive avant de questionner :

— Alors, comment vas-tu, ma chère cousine ?

— Moi ? Mais comme tu peux le voir, le mieux du monde ! répondit Lucienne, rayonnante.

En posant sur la table le plateau où étaient disposés un seau à glace, des bouteilles, des verres et des amuse-gueules, elle continuait d'arborer ce large sourire qui confirmait ses dires.

— Tes petits problèmes de santé d'autrefois, c'est fini ? insista malgré tout Malvina.

Lucienne éclata de rire :

— Tu veux dire la tuberculose ? Tu sais, voilà plus de vingt ans que je vis en Suisse ; il n'y a rien de meilleur que l'air des montagnes pour soigner ce genre de maladie.

Pendant qu'elle prenait place sur le canapé en face de sa cousine, la jeune femme que Lucienne avait appelée Jane sortait les dernières valises de la voiture. Devant l'air interrogateur de Malvina, Lucienne se sentit obligée de lui préciser :

Non, Jane n'est pas ma fille. Ma seule fille, c'est elle. Et elle posa un regard plein d'amour sur l'horrible caniche qui continuait de grogner en dormant. Jane est une jeune Irlandaise que j'ai prise au pair.

— Au père de qui ?

La question avait fusé comme une flèche de la bouche de Malvina qui ne doutait pas que tant d'aisance matérielle chez sa cousine ne pouvait avoir pour origine qu'une louche histoire de fesses. Mais Lucienne avait beau venir de Suisse, Malvina n'était pas Guillaume Tell et le trait rata sa cible. Toujours radieuse, Lucienne enchaîna :

— Je la loge, je la nourris, je l'emmène avec moi en vacances aussi bien dans notre chalet en Autriche que dans notre villa près de Corfou, dans une adorable petite île que Walter a achetée il y a cinq ans. En échange, elle m'aide un peu à la maison quand nous reçevons ; elle fait aussi les courses au marché. Elle adore ça, et ça soulage bien la bonne. Et moi aussi ! Tu comprends, à notre âge, si on ne profite pas de la vie, quand est-ce qu'on en profitera ? Tu n'es pas de mon avis ?

— Sûr ! fit Malvina qui, tout en l'écoutant, pensait que dans moins de quarante-huit heures elle allait retrouver ses nuits blanches, son balai-brosse et ses produits détergents.

— Alors, trinquons à nos retrouvailles, proposa gaiement Lucienne.

Allongeant son bras grassouillet par-dessus la table basse sur laquelle elle avait disposé le plateau, elle fit tinter son verre de cristal empli de pineau contre celui de Malvina. Cela suffit à faire redresser la tête du petit cabot qui se crut obligé de faire entendre à nouveau une série d'aboiements stridents.

— Dors, mon Bébé. Sois sage, n'aie pas peur. Malvina est notre cousine.

Mais le toutou avait dû ressentir l'hostilité que cette cousine lui portait car il n'arrêtait pas de grogner. Il est vrai que Malvina avait horreur de cette sorte d'animal qui laissait toujours plein de poils dans les couchettes.

— À ta santé ! articula-t-elle malgré tout d'une voix lugubre.

Elle n'arrivait pas à croire que non seulement sa cousine n'était plus tubarde, mais que de plus, elle vivait dans un tel luxe.

À peine avait-elle porté son verre à ses lèvres, qu'une brutale quinte de toux déforma son visage émacié, tailladé de rides longues et profondes qui, comme des rails de chemin de fer, se rejoignaient dans le tunnel sombre de sa bouche. « Elle m'a refilé ses microbes », pensa-t-elle, effrayée. Aussitôt, sa peau, habituellement d'un gris quai de gare brusquement parut s'enflammer pour devenir d'une couleur rouge brique réfractaire. Les yeux exorbités et la bouche grande ouverte bavant sur son tailleur vert pomme, elle cherchait désespérément à faire entrer un peu d'air dans sa trachée artère obstruée, tout bêtement, par un glaçon victime d'un mauvais aiguillage. Les ongles incrustés dans le cuir du fauteuil, elle haletait comme une vieille locomotive tandis que ses cordes vocales émettaient d'étranges sons, allant des plus aigus aux plus graves, qui ne rappelaient en rien « l'Internationale », le seul air que Malvina connût par cœur, mais plutôt le sifflement d'un petit tortillard manœuvrant sur une voie de garage.

Effrayé, le roquet fit un bond et, dressé sur ses pattes, se mit à hurler à la mort. Sincèrement inquiète, Lucienne se leva aussitôt du canapé où elle étalait nonchalamment ses formes charnues, pour se précipiter au secours de sa cousine. À force de la tapoter entre les deux omoplates saillantes de sa main potelée ornée de bagues, elle réussit à lui faire éjecter l'iceberg qui faisait obstruction et Malvina éructa bruyamment dans son verre. Aussitôt, elle respira avec satisfaction une grande goulée d'air et progressivement son visage reprit sa couleur habituelle de vieille muraille.

Rassuré, Bébé tourna le dos à l'intruse pour essayer de retrouver le sommeil.

— J'avais avalé de travers, finit par dire Malvina, les yeux encore tout larmoyants.

— Ma pauvre chérie ! Je vais te préparer un autre verre, proposa Lucienne toute compatissante.

Malvina ne répondit pas. Épaules creuses et tête basse, elle avait l'air encore plus petite que tout à l'heure dans le grand fauteuil. Du coin de l'œil, elle observa sa cousine qui allait et venait avec aisance, et plus elle la regardait, plus elle se sentait ridicule.

— Cette fois, je te l'ai servi sans glaçon. Bois-le, ça te fera du bien.

Malvina but le whisky cul sec. Sa chaleur lui rappela le petit rhum, absorbé sur le zinc de la cantine, dans les matins d'hiver frisquets, après une longue nuit de boulot. Peu après elle se sentit mieux. En face d'elle, Lucienne affichait son éternel sourire dans un visage rayonnant de bonhomie.

— Je suis vraiment contente de te revoir. Dis-moi, depuis le temps que nous ne nous sommes pas vues, que deviens-tu ?

Le subconscient de Malvina s'attendait à cette question et c'est lui qui répondit sur un air des plus décontractés qu'il pût trouver :

— Oh ! moi, pour rien te cacher, je travaille. Je te dirais même, que mon mari et moi, nous travaillons beaucoup. Dans les affaires, il n'y a pas de secret : pour réussir il faut bosser.

En face de Malvina, Lucienne souleva, en guise d'interrogation, un sourcil finement épilé avec art par un professionnel du ravalement des vieilles facades de luxe.

Dopée par le whisky, Malvina prit le temps de croiser une jambe par-dessus l'autre, dévoilant un tibia saillant et un genou osseux, releva la tête avant de répondre d'un ton désinvolte :

— Edmond et moi nous sommes à la tête d'une entreprise chargée de l'entretien de tous les véhicules de la S.N.C.F. et la R.A.T.P. Alors, si l'on veut que ça tourne, il faut donner beaucoup de soi-même ; parce qu'avec le personnel, les syndicats, à notre époque… J'te dis pas !

Lucienne opina du chef en signe d'acquiescement et à chaque mouvement de sa tête son collier de grosses perles disparaissait dans les replis de son cou. Mais, si elle aimait bien poser des questions, elle ne se fatiguait pas à approfondir les réponses. Sa nature crédule se contentait facilement de ce qu'on pouvait lui raconter, et elle ne douta pas un instant de la véracité des paroles de sa cousine. Cependant Malvina, craignant un interrogatoire en règle, s'empressa de lui demander :

— Et toi ? Raconte-moi !

Lucienne posa son verre sur la table basse. Ses yeux s'attardèrent un instant sur les mille facettes de verroterie artistiquement taillées du plafonnier qui descendait de la grosse poutre. Elles jouaient, avec la clarté que laissait filtrer le léger voile des rideaux sous les lourdes tentures damassées, à projeter mille petits arcs-en-ciel. Dans son regard de femme plus vraiment jeune, souligné de mascara, brillait une lumière encore plus vive que celle que prodiguait le soleil de Ré la Blanche par cette belle journée de printemps : celle du bonheur de vivre.

— Moi ? Oh ! C'est tout simple, finit-elle par dire, une main posée sur sa lourde poitrine. Quand on a décrété que j'étais très malade, l'année qui suivit le certificat d'études, la Croix-Rouge m'envoya dans un sana près de Barcelonnette. C'est là qu'une dame visiteuse se prit d'amitié pour moi et proposa de m'emmener terminer ma guérison dans son chalet en Suisse. « Je vis seule et j'ai besoin de compagnie, car les obligations professionnelles de mon fils le font me négliger quelque peu », me dit-elle alors. À l'époque, effectivement, Walter, son fils unique, un célibataire de trente et un ans était directeur chargé de missions spéciales à l'O.N.U. Un jour qu'il revenait de Singapour, il est passé rapidement voir sa mère — à peine quarante-huit heures — flanqué de ses deux gardes du corps, avant de repartir pour New York, mais ces deux jours suffirent pour que nous tombions amoureux l'un de l'autre. Deux semaines plus tard, il me téléphonait des États-Unis pour me demander en mariage. Depuis, nous n'avons jamais cessé de voyager et de nous aimer.

Les yeux rivés sur une peinture à l'huile, dans un grand cadre doré, représentant une chasse à courre en Cornouailles, Malvina n'écoutait plus sa cousine et ne voyait pas la meute de chiens bondissant dans les fourrés vert sombre du tableau ; à la place de l'œuvre d'un artiste du début du XIXe siècle, défilaient des affiches publicitaires de la Compagnie des Chemins de Fer des années d'avant-guerre : des hommes en smoking et des femmes en robe du soir et en chapeau cloche dégustant un « drink » au bar du Paris-Venise alors que par la grande baie vitrée du train défilaient des paysages de montagnes ourlées de neige et des mers bleues bordées de verts palmiers. Elle les avait souvent vues, ces affiches, en passant devant la salle d'attente des premières, son faubert sous le bras.

Les lèvres minces de Malvina ne furent plus qu'un trait fin : « Quand je pense que j'ai peut-être vidé son cendrier et changé les draps de sa couchette ! » pensait-elle avec amertume.

Mais Lucienne était lancée dans l'évocation de ses souvenirs. Le petit doigt en l'air, elle but une gorgée de pineau et continua :

— Maintenant, tu comprends, avec l'âge, les trains de luxe, les paquebots, les avions, les grands hôtels, je commence à en avoir assez. Sans parler des gorilles de mon mari qui nous suivent partout ! Des décalages horaires exténuants ! Huit jours à Tokyo, c'est bien, mais quand du Japon, Walter doit se rendre à une réunion à San Francisco puis, la semaine suivante, à une autre à Saint-Pétersbourg, moi je ne veux plus le suivre. C'est trop fatigant. C'est pour cette raison que nous avons décidé d'acheter un petit pied-à-terre en Autriche et un autre en Grèce, et de faire restaurer cette maison qui vient de mon père. Ce n'est qu'une résidence secondaire, mais c'est la résidence de mon cœur.

Lucienne porta à nouveau son verre en direction de ses lèvres écarlates. Cet instant de silence ramena Malvina à la réalité. Seul son inconscient avait écouté la conversation :

— Tu me comprends ? À ma place tu n'en aurais pas fait autant, toi ? interrogea Lucienne.

Derrière son éternel sourire candide entre ses deux grosses joues dont un maquillage appliqué tentait de dissimuler la chute vers son cou flétri, elle avait posé la question sur le ton d'une petite fille malheureuse accusée d'une faute injustifiée.

— Évidemment ! affirma sèchement Malvina qui venait de découvrir, entre Paris et La Rochelle, les relatives délectations d'un voyage en première classe.

Lucienne parut sincèrement consolée de la compréhension de sa cousine et pour la remercier lui servit un autre whisky.

— Et toi, que comptes-tu faire de la maison dont tu as hérité de ton grand-père ?

Bien vite, Malvina chercha refuge dans le fond de son verre pour éluder la question. Elle fit semblant de savourer le bourbon en connaisseuse. En silence, elle contempla la couleur ambrée de l'alcool, puis, hochant la tête, elle eut une moue dubitative qui fit lever une tempête de petites rides autour de ses lèvres pâles et apparaître sa fine moustache de duvet noir. Finalement, elle déclara d'un ton ampoulé :

— En vérité, je ne sais pas encore… J'hésite entre retaper cette vieille baraque qui est chère à mon cœur, tu t'en doutes, et construire quelque chose de moderne et confortable sur le bord de mer.

Lucienne se redressa en se trémoussant sur son canapé :

— Alors, au lieu d'hésiter, fais les deux. On n'a jamais assez grand pour recevoir les amis, dit-elle, tout heureuse de sa trouvaille.

À nouveau Malvina hocha la tête :

— J'y ai bien pensé, mais le problème vient de mon cher époux. Il n'aime pas la mer. Lui, son rêve, c'est de se retirer dans le calme de notre propriété au fin fond de l'Andalousie.

En même temps qu'elle prononçait ces mots, Malvina se demandait pourquoi elle avait dit l'Andalousie plutôt que l'Italie, l'Irlande ou l'Écosse. Sans doute, une fois encore, à cause des affiches en couleurs de la salle d'attente des premières. Mais, les traits soudainement affaissés de la face ronde de Lucienne exprimaient déjà toute sa compassion pour un tel dilemme et montrèrent à Malvina que son mensonge paraissait vraisemblable.

Il s'ensuivit un court moment de silence interrompu par la venue de la longue silhouette dégingandée de Jane qui lança avec un fort accent d'outre-Manche :

— Je vais jusque chez le mareyeur acheter des huîtres pour le lunch.

— Très bonne idée, ma chérie. Mais achetez-en une douzaine de plus, car ma cousine déjeune avec nous.

Malvina jaillit toute droite de son fauteuil :

— Ah ! non, affirma-t-elle.

Elle n'avait pas du tout envie de prolonger l'entretien avec Lucienne, car, elle le pressentait, celle-ci finirait bien par deviner qu'elle était fauchée comme les blés. Et elle ne voulait pas lui laisser savourer le constat d'échec de toute une vie. Mais devant elle, Lucienne lui opposait ses formes opulentes surmontées d'un visage rond coupé en deux par son éternel sourire plus désarmant encore qu'une brigade de C.R.S. casqués et armés de matraques. Si on avait appris à Malvina à faire face aux cerbères de l'État, personne ne lui avait jamais enseigné comment réagir devant un élan sincère sortant d'un cœur naïf. Pour elle, la vie n'était faite que de coups auxquels il fallait parer et bien souvent répondre. Mais déjà Lucienne s'était dirigée vers un vieux vaisselier en chêne. Comme si elle n'avait pas entendu le refus de sa cousine, elle sortait des assiettes en porcelaine et des couverts en argent.

Malvina se laissa retomber mollement sur le bord du fauteuil :

— Bon ! Ben… D'accord, je reste.

VI

Gabriel Ritoux marchait paisiblement sur le goémon glissant. Il savourait, à chacune de ses enjambées, le plaisir tout simple que lui offrait le gargouillis de ses vieilles bottes emplies d'eau de mer. Dans son dos, l'orchestre de l'océan accompagnait en sourdine la musique joyeuse de ses pas. Au bout de son bras, il tenait son panier empli du fruit de sa pêche protégé des rayons du soleil par un bouquet d'algues. Seule, la marée montante l'avait obligé à abandonner à regret cet endroit unique n'appartenant pas tout à fait au domaine de la terre ; ce lieu exceptionnel offert juste un instant par le dieu des profondeurs à de rares prévilégiés comme lui. Tout en revenant vers sa demeure qu'il pouvait voir, en haut de la dune, il se complaisait à croire que l'océan s'était retiré, pour lui confier, et à lui seul, juste le temps d'une basse mer, les trésors dont il s'empressait de remplir son panier, avant qu'à nouveau, le flot les cache à la convoitise des humains.

Un crabe détalant dans l'eau claire d'une flaque pour aller chercher protection sous une pierre fleurie d'une belle anémone de mer, rappela Gabriel à la réalité. Un instant encore, il regarda l'actinie agiter ses tentacules paralysantes en direction d'une crevette transparente qui, étourdiment, bondissait à reculons, effrayée par l'ombre du pêcheur.

— Fais gaffe ! Tu vas te faire bouffer, la prévint Gabriel sur le ton bonhomme qui lui était habituel.

Cette réflexion lui fit ressentir une petite faim au creux de l'estomac. Il décida donc de pêcher quelques crabes dont il ferait son plat principal en entrant.

Sur le chemin du retour, soulevant une pierre ici, une autre là, il surprenait presque à chaque fois une étrille fuyant à toute allure, pinces menaçantes, ou bien un tourteau immobile, dissimulé dans une anfractuosité de rocher pour ne laisser entrevoir que sa carapace lisse et ocre. En connaisseur, Gabriel s'en saisissait avec précaution, les soupesait pour estimer leur valeur nutritive, rejetant ceux qu'il trouvait trop légers, rangeant sous le varech de son panier ceux qui étaient « à pleine coquille ». Quand il considéra en avoir assez pour son déjeuner, l'air du « Petit Vin blanc » sur les lèvres, il prit la direction de sa cabane. Au-dessus de lui, le soleil avait passé la méridienne mais n'en avait pas moins conservé toute son ardeur, et sa chaleur décuplait les fortes senteurs du varech. Gabriel lui lança un clin d'œil derrière ses petits cils blonds :

— Y a pas à dire, c'est la belle vie ! fit-il.

Il respira bien fort l'odeur d'iode qui montait du tapis d'algues. Il recouvrait l'estran de ses nuances vertes et sombres, éclairé par endroit des taches lumineuses de quelques flaques d'océan piégées au creux d'un rocher. Bientôt, la marée montante doucement allait soulever cette couverture végétale, l'agiter au rythme lent de sa houle, et transformer, une fois de plus, cette merveilleuse moquette de nature en une mini-forêt vierge foisonnante de vie.

— C'est drôlement chouette !

C'est ainsi que Gabriel exprimait son émotion à chaque fois qu'il revenait de la pêche.

Des crabes, il ne restait plus, sur la petite table qu'il avait installée à l'ombre de l'unique pin, qu'un monticule de pattes déchiquetées et de carapaces vides autour duquel bourdonnaient quelques grosses mouches vertes, et une bouteille vide de vin. Dans une assiette en aluminium, les restes d'un morceau de beurre et d'un camembert s'étaient depuis longtemps liquéfiés sous l'action de la chaleur. Assommé par une digestion difficile, le repas à peine terminé, Gabriel s'était laissé glisser sous la table et dormait profondément, mains jointes sur son estomac rebondi, la visière de la casquette rabattue sur les yeux. Quand il faisait chaud, c'est là qu'il aimait faire la sieste, protégé du soleil par l'ombre du pin maigrichon et de la table bancale.

Un sourire se dessina entre ses deux joues rougeaudes et modula légèrement son ronflement. Dans le même temps, ses gros doigts, toujours entrelacés sur son ventre, tressaillirent pour tenter d'attraper l'énorme crabe qu'il poursuivait dans son rêve. Mais une ombre chassa le crustacé hors du sommeil de Gabriel. Ses paupières clignotèrent, il fit entendre un grognement et le sourire prisonnier de ses grosses joues s'échappa pour faire place à une grimace qui frisa son nez tout rond. Dans un nouveau rêve, il lui semblait entendre la voix de Pierre, le fils de Tonton Clotaire. Elle disait :

— Là, nous construirons la piscine… juste devant l'hôtel. Évidemment, nous commencerons par faire sauter cette baraque dans laquelle vit un ancien employé de mon père…

Gabriel secoua la tête et se réveilla totalement. D'habitude, il ne faisait jamais de cauchemars et ne rêvait que de pêches miraculeuses ou de parties de belote où il avait tous les atouts en main.

Toujours allongé sous la table, il écarta péniblement les cils. Il lui fallut un long moment pour comprendre que ce qu'il apercevait, presque à le toucher, était une paire de chaussettes décorées de pompons, et des jambes aux poils roux que laissait deviner une jupe plissée en tweed.

— Qu'est-ce qu'elle fait là, cette bonne femme ? se demanda-t-il tout de suite.

N'osant plus bouger, de crainte d'être pris pour un voyeur, il essaya de se faire un peu plus petit entre les quatre pieds de la table, mais déjà les chaussettes à pompons s'éloignaient et apparut un grand gaillard, la pipe entre les dents, qui semblait discuter tout seul.

— Qu'est-ce que c'est que ce mardi gras ? se demanda cette fois Gabriel. C'est alors qu'il aperçut Pierre Poulacre qui, à l'autre bout du terrain, tenait un plan grand ouvert devant lui.

— Mon patron !... s'exclama Gabriel, et sur son visage sanguin affluèrent soudain des blancheurs inhabituelles.

Bien vite, à quatre pattes, il rejoignit, aussi rapidement que son manque de souplesse le lui permettait, le bouquet d'atriplex qui bordait le terrain et se laissa glisser sur le sable jusque sur la plage. Deux minutes plus tard, il revenait dans son terrain, comme si de rien n'était :

— Ah ! M'sieur Pierre ! Quelle surprise !

L'interpellé leva le nez du plan qu'il était en train de consulter :

— Tiens ! Gabriel Ritoux, ça tombe bien je voulais vous voir.

Gabriel ouvrit tout rond ses yeux et sa bouche, et dirigea son index sur sa large poitrine :

— Moi ?

— Oui, vous ! Comment allez-vous ? questionna machinalement le jeune P.-D.G. tout en lui offrant une poignée de main qu'il voulait franche et cordiale sans cesser pour cela d'être hautement directoriale.

— Euh !... Moi ? Très bien ! Et vous ?

Pierre Poulacre ne jugea pas nécessaire de répondre à une telle question qui touchait à sa vie privée.

— Vous êtes bien, là ! se contenta-t-il de remarquer sèchement tout en parcourant l'horizon du regard.

Gabriel opina longuement du chef, gonfla le torse pour aspirer à pleins poumons l'air du large :

— Sûr que je suis bien, souffla-t-il.

Ce cri lui sortit du fond cœur en même temps que l'air qu'il venait d'aspirer lui échappait de sa poitrine.

Mais Pierre Poulacre ne l'avait pas écouté. Il suivait d'un œil attendri Edward Arthymore dont le kilt voletait légèrement dans la petite brise qui s'était levée, à chaque fois qu'il se courbait pour cueillir des queues-de-lièvres :

— Juste un bouquet de fleurs sèches pour mettre dans notre chambre, avait-il susurré à son ami qui avait senti son cœur fondre devant une si touchante attention.

Pierre Poulacre se ressaisit :

— Vous savez que ces terrains sont à moi, fit-il.

Tel Bonaparte sur le pont d'Arcole, d'un geste large, il montra la friche qui ondulait sous le léger souffle venu de la mer et d'où émergeaient encore, en de rares endroits, les vestiges des murets élevés jadis pour protéger les vignes du « cinglage » du sable les jours de grand vent.

À nouveau Gabriel Ritoux hocha la tête :

— Sûr que je sais que c'est à vous. J'étais même là, dans le chai du Grand Bébert, quand Tonton Clotaire lui a acheté ce terrain.

qui se gratte les dents avec son Opinel, est mon cousin », pensa-t-il avec effroi. Il prit cependant un air dégagé pour lancer avec désinvolture :

— … Et le terrain sur lequel vous avez construit votre cabane est à moi également.

Gabriel resta un moment la bouche ouverte et le souffle coupé avant de rétorquer :

— Ah ! non. Sauf votre respect, vous faites erreur. Cette parcelle, Tonton Clotaire l'a donnée à mon vieux, le jour où il a acheté toutes les anciennes vignes du Grand Bébert. Si je vous le dis, c'est que je le sais…

Gabriel ouvrit grand les bras tellement cela lui paraissait évident :

— … J'étais dans le chai avec eux quand ils ont conclu le marché. À l'époque, j'avais beau être qu'un petit morpion, je m'en souviens comme si c'était hier.

Pierre Poulacre ne put retenir un haussement d'épaules :

— Vous avez l'acte ?

Cette fois, les mains pataudes au bout des bras courts de Gabriel donnèrent l'impression de vouloir descendre jusqu'au niveau de ses chevilles :

— L'acte ?

— Oui, celui qui authentifie votre droit de propriété sur cette parcelle… La parcelle 19, si je m'en réfère à mon plan.

Mue par sa grosse main velue, la casquette de Gabriel fit trois tours sur son crâne partiellement dégarni. On lui aurait dit qu'un martien était en train de poser culotte dans ses cabinets, il n'aurait pas été plus surpris.

— Mais, il n'y a jamais eu d'acte, finit-il par répondre.

Pour éviter de croiser le regard de son interlocuteur, Pierre Poulacre observait tantôt le large, tantôt Edward Arthymore qui revenait avec un gros bouquet dans les bras.

— C'est fort ennuyeux.

— Pourquoi ce serait ennuyeux ? Puisque je vous dis que je suis chez moi. Tonton Clotaire a donné ce bout de terrain à mon père ; et moi, je l'ai hérité de mon vieux. C'est tout simple, remarqua Gabriel dont la visière de la casquette était restée coincée à l'aplomb de l'oreille gauche.

— Tout cela, ce ne sont que des mots. Moi, sur mon acte, il est bien mentionné que je suis propriétaire de tous les terrains que vous voyez là ; y compris la parcelle 19 que vous vous êtes appropriée illégalement.

Devant une telle accusation le visage rouge de Gabriel vira au violet. Il avait beau ne pas avoir un esprit très vif, il lui avait été aisé de comprendre qu'on l'accusait de spoliation. Sans aucun doute, s'il ne s'était pas agi de son ancien patron, peut-être déjà l'aurait-il crocheté par le col amidonné de sa belle chemise blanche. Mais heureusement pour Pierre Poulacre, l'irruption de son ami écossais, avec son bouquet de fleurs dans les bras, laissa pantois Gabriel et lui enleva toute velléité combative. Tout à l'heure, il l'avait juste entrevu, de dessous la table alors qu'il était encore à moitié endormi. Il leva la tête pour contempler tout à son aise ce grand escogriffe au visage long et buriné, picoté de taches de rousseur et surmonté d'une courte brosse sur le sommet du crâne, survivance d'un séjour de trois ans chez les paras de Sa Gracieuse Majesté. Elle mettait en évidence ses oreilles longues et décollées, frontières naturelles à une énorme bouche aux longues dents jaunâtres. L'Écossait dominait Gabriel de plus d'une tête. Prenant tout son temps, celui-ci continua l'inspection d'Edward Arthymore qui avait l'habitude de s'y prêter avec complaisance, car il était évident qu'il ne portait pas ce costume, héritage de ses aïeux, pour passer inaperçu. Arrivé au niveau des chaussettes à pompons, Gabriel se gratta sous la casquette, perplexe. Quel pouvait être cet animal qui avait une tête de cheval, une jupette de gonzesse, du poil aux pattes autant qu'un homme et qui se pavanait avec un bouquet de fleurs dans les bras ?

— Prends-les, chéri. Je te les offre. Ce sont les premières fleurs cueillies dans notre jardin sur la mer.

Le visage de Pierre Poulacre s'empourpra, troublé par tant de délicatesse :

— Oh ! mon Doudou, tu es vraiment un amour.

Par ces simples échanges de mots, les deux perturbateurs venaient de fournir la réponse à la question qui tourmentait Gabriel :

« C'est pas un homme… C'est pas une femme… C'est un homo ! Et mon ancien patron aussi, c'est un homo ! Ben, ça alors ! »

Tournant franchement le dos pour laisser ses deux visiteurs à leurs tendres effusions, et lui à ses émotions, il ne put s'empêcher de faire faire, une fois encore, deux tours rapides à sa casquette afin d'essayer de remettre un peu d'ordre dans ses idées : « Oh ! lala !Si Tonton Clotaire voyait ça ! »

Gabriel n'était pas encore revenu de ces surprenantes constatations, que Pierre Poulacre, tout en remettant un peu d'ordre dans sa chevelure défaite autant par le vent que par les doigts de son ami, à nouveau lui déclarait sèchement :

— Oui, il faut que vous sachiez que j'ai — plus exactement, nous avons, mon ami et moi — de grands projets sur ce terrain et, évidemment, il n'est plus question que vous y laissiez votre cabane.

Sur la face ronde de Gabriel, la consternation qui se dessina le fit ressembler un instant à la pleine lune un triste soir d'hiver :

— Mais… Mais… C'est pas possible. Où voulez-vous que j'aille ?

Pierre Poulacre eut une mimique qui exprimait clairement que cela ne le concernait pas. Edward Arthymore, lui, eut un sourire bienveillant qui mit en valeur ses grandes dents de cheval :

— Vous savez, nous aurons sûrement besoin d'un homme comme vous pour balayer le garage de notre futur hôtel, les feuilles mortes du jardin, les aiguilles de pins…

Gabriel ne répondit pas. Il entendit à peine ce que venait de lui dire l'Écossais, mais assez tout de même pour penser qu'il avait suffisamment balayé longtemps la minoterie pour ne plus avoir envie de se servir d'un balai. D'ailleurs, il suffisait de regarder l'intérieur de sa cabane pour deviner qu'il était devenu allergique à ce genre d'instrument.

— Merde ! Mais vous n'avez pas le droit de me déloger ! Je suis chez moi, tout de même ! jura-t-il dans un mouvement de révolte.

— Prouvez-le ! lui répondit froidement son ancien patron.

— Mais puisque je vous le dis !

C'est l'unique argument que trouva à répliquer Gabriel sur un ton qui, déjà, sonnait le glas de la défaite.

Devant une si maigre argumentation, Pierre Poulacre ne se donna pas la peine de répondre. Ignorant son vis-à-vis, il s'appliqua à enrouler le plan avec lequel jouait le vent. Quand il eut terminé, il le regarda pour la première fois droit dans les yeux et lui déclara :

— De toute façon, vous avez au moins trois mois devant vous, avant que les bulldozers ne ratissent tout.

Il se tourna vers son ami très sérieusement occupé à peaufiner au soleil couchant le bronzage de son faciès équin :

— Edward chéri, si nous voulons dîner à La Rochelle, il est temps que nous partions afin de ne pas manquer le dernier bac.

Resté seul, debout, immobile, les mains enfoncées dans les poches de son pantalon de toile auréolé de vase et de sel de mer, Gabriel Ritoux laissa lentement errer son regard sur « sa » propriété. Ses yeux, habitués à la cabane en bois recouverte de tôles goudronnées, aux chiottes de guingois, aux bidons rouillés emplis d'eau stagnante, à la table bancale recouverte de plastique, à la clôture de barbelés, ne voyaient rien de tout cela, car il était reparti trente ans en arrière. Il revoyait son père et Tonton Clotaire, en bras de chemise, assis dehors, à la table où tout à l'heure lui-même était assis. Entre eux deux, une montagne d'huîtres qu'ils venaient de pêcher et une bonbonne de vin blanc encore tout empreinte de la fraîcheur du chai du Grand Bébert. En ce moment-là, lui, le petit Gabriel, vivait les plus beaux jours d'aventure que ne lui avait encore jamais offerts sa jeune vie. Comme

Robinson Crusoé, il mangeait les fruits de sa pêche qu'il faisait cuire sur un feu de bois ; comme lui, il mettait des collets pour attrapper des lapins, il dormait même à la belle étoile tandis que Tonton Clotaire et son père construisaient la cabane.

Gabriel esquissa un sourire mélancolique : « … Et la trouille que j'avais quand il fallait que j'aille de nuit au petit coin… »

Deux goélands venus, sans vergogne, s'installer devant les déchets des crabes toujours amoncelés sur la table, tirèrent Gabriel de son voyage dans le passé. Les voraces palmipèdes, avant de s'envoler de leur vol lourd, avec une indifférence non feinte, polarisèrent toute la colère qui, lentement, comme marée montante, avait envahi le résident de la parcelle 19. Elle se déchaîna soudain en véritable tempête force 12 :

— Foutez le camp, bande de vauriens ! Vous ne croyez pas que je vais me laisser bouffer comme ça ! Vous ne connaissez pas le gars Gabriel ? Vous allez apprendre à le connaître !

Il continua d'exprimer sa fureur par toute une bordée de jurons et de pierres qu'il lança en direction des oiseaux, déjà hors de portée de son tir. Il était écarlate et bavait de colère. Quand, enfin, il eut épuisé son vocabulaire ordurier et que les goélands furent vraiment trop loin, le souffle court, mais l'œil toujours mauvais, il se dirigea vers le puits qui, à l'extrémité du terrain, ouvrait sa gueule béante au ras du sol. Il en extirpa une bonbonne toute dégoulinante d'eau fraîche (la bonbonne de Tonton Clotaire). Elle était emplie de vin blanc.

Il prit son verre resté sur la table à côté des déchets de crabes et s'assit à même le sable, adossé au pin, la bonbonne entre ses jambes écartées. Il huma en connaisseur cette senteur forte venue du large pour venir se heurter aux subtils parfums montant de la dune. Il fit la grimace et cligna des yeux pour regarder en face de lui le soleil et l'océan. Ils lui offraient leur spectacle quotidien sur écran géant, véritable apothéose de feux et de paillettes de flammes dont Gabriel n'était jamais las.

— Et vous voudriez me priver de ça ? Bande de salauds ! cria-t-il. Et dans son poing dressé, il tenait son verre empli de vin blanc.

Quand enfin le soleil se coucha (à cette période de l'année, il donnait toujours l'impression de vouloir passer la nuit blanche), Gabriel était déjà allongé à même la dune et ronflait au rythme des vagues. Dans sa bonbonne, la marée était basse.

VII

PIERRE POULACRE ET SON « DOUDOU », assis à la terrasse de « L'auberge de la Marée », dégustaient tranquillement leur petit déjeuner. La veille, le jeune P.-D.G. n'avait pas résisté à la supplique de son ami et à sa main posée tendrement sur son bras :

— Pierrot, je t'en prie, allons jouir ensemble du spectacle de l'érection du phare de Chauveau dans le soleil couchant.

Devant un tel désir, Pierre Poulacre ne pouvait refuser. Tête contre tête et main dans la main, ils étaient restés face au large, silencieux, jusqu'à ce que le soleil disparaisse derrière l'horizon. Quand enfin ils arrivèrent à l'embarcadère, depuis longtemps le dernier bac avait largué ses amarres. Ils avaient donc dû coucher à l'île de Ré. C'est pourquoi, ce matin, installés face au soleil levant (qui, vu l'heure, avait déjà pris une certaine altitude), ils dégustaient tranquillement leurs biscottes beurre-confiture et leur thé « made in Scotland ». *Of course* !

Quand le garçon de café eut débarrassé les tasses et essuyé consciencieusement la table, Pierre Poulacre étendit devant lui le plan dont il ne se séparait guère. Il craignait tant qu'Edward fugue une fois encore, que sans arrêt il lui parlait de ses projets afin de l'y impliquer et de mieux le retenir.

L'Écossais allongea ses jambes au soleil, épousseta soigneusement son kilt avant d'allumer sa première pipe. Aussitôt, une odeur douceâtre « d'Amsterdamer » flotta dans l'air immobile. Bien qu'il ne le montrât pas, Pierre Poulacre n'aimait pas cette habitude qu'avait son ami de fumer la pipe. Elle lui donnait une mauvaise haleine. Mais, quand on aime, on pardonne facilement les petits défauts de l'être cher. C'est pour cette raison que Pierre Poulacre supportait en silence l'odeur de tabac.

Doucement le petit nuage de fumée bleue glissa et parvint à la table en face d'eux où Malvina prenait un sandwich-pâté de campagne accompagné d'une bière brune.

La veille au soir, elle avait fait croire à sa cousine qu'elle attendait un taxi afin de prendre le train de nuit.

— Quand on est à la tête d'une entreprise, on ne peut, hélas, s'absenter longtemps, avait-elle déclaré en levant les yeux au ciel.

Sincèrement navrée, Lucienne avait compati, les larmes aux yeux de devoir à nouveau se séparer de cette cousine qu'elle venait juste de retrouver.

En vérité, après de longues effusions auxquelles avait dû se soumettre Malvina, celle-ci avait effectué un faux départ et attendu le petit matin pour se diriger à pied en direction de l'embarcadère.

Alors qu'elle agitait son mouchoir tout humide de son chagrin, Lucienne lui avait lancé une dernière fois :

— Surtout, n'oublie pas ce que je t'ai dit : si jamais tu décidais de vendre ta maison, dis-le moi, car je suis acheteuse.

Mais, Malvina avait beau être en congés du 1er Mai, son estomac, lui, ne faisait pas le pont et voulait continuer de profiter des avantages acquis, c'est-à-dire le droit au casse-croûte tous les matins. C'est pour cette raison qu'elle s'était offert le luxe d'une pause sur le port de Rivedoux.

Quand les premières volutes de fumée parvinrent à ses narines, elle ne put réprimer une moue qui redressa un instant son nez pointu et fronça les sourcils, car elle n'avait pas les mêmes raisons que Pierre Poulacre d'apprécier le tabac hollandais.

À regret, elle leva les yeux de *l'Huma*, sa lecture du matin, pour regarder en direction d'où venait le nuage polluant. En voyant les deux hommes, Malvina se dit tout de suite : « Tiens ! Deux pédés. » Mais cela n'était pas pour l'offusquer ; elle en avait vu d'autres pendant toutes ses années de nuit sur les quais de gare. Par contre, pour elle qui était habituée à la fumée âcre des locomotives, cette odeur melliflue du tabac blond lui donna presque la nausée. Pour parer au mal, elle s'empressa d'allumer une gauloise et se replongea dans la lecture de son journal tout en mordant à pleines dents dans son sandwich. Au bout de cinq minutes cependant, sa lecture de l'article sur la nécessité d'une prochaine grève à la S.N.C.F. fut perturbée par quelques mots qui lui parvinrent indistinctement jusqu'à l'oreille. Il lui avait semblé avoir entendu, venant de la table d'en face, les mots « Peu des Corbaigeaux ». Maintenant, le journal grand ouvert devant elle, elle ne lisait plus. Elle écoutait. Quand l'expression « parcelle 19 » atteignit le fond de son conduit auditif, elle fit ricochet jusqu'à son cerveau et faillit la faire sauter de sa chaise. Mais, maîtrisant ses impulsions, elle se contenta de finir sa bière et de prêter une oreille encore plus attentive.

— Tu vois, mon Doudou, à mon avis, la première chose à faire, est d'expulser ce clochard de cette parcelle 19 qu'il s'est appropriée. Et ce ne sera pas forcément le plus facile.

Edward Arthymore tira longuement sur sa pipe avant de répondre :

— Mais, elle est bien à toi, cette parcelle, puisque tu as en ta possession l'acte d'acquisition par ton père.

Tout occupés à se rouler des yeux doux, les deux hommes ne virent pas ceux de Malvina. Ils étaient ronds comme un feu de signalisation de passage à niveau et clignotaient comme juste avant le passage d'un train. « C'est lui qui m'a piqué ma moitié de parcelle » se répétait-elle. Dans le même temps toute la mansuétude qu'elle portait aux homosexuels fondit comme neige au soleil.

Avec application, malgré ses mains qui tremblaient nerveusement, elle plia son journal pour se donner un temps de réflexion. Mais déjà sa décision était prise.

Elle se leva et se dirigea vers les deux hommes :

— Je vous demande pardon, messieurs, fit-elle en essayant de prendre des attitudes empruntées à sa cousine Lucienne.

Pierre Poulacre et Edward Arthymore levèrent la tête vers cette femme qu'ils n'avaient même pas remarquée. Leurs regards exprimaient clairement un certain dédain : « Qu'est-ce que c'est que cet épouvantail » semblaient-ils dire.

— Oui, ? interrogea néanmoins aimablement l'ami de Pierre Poulacre.

C'est à ce moment que Malvina aperçut la jupe plissée de l'Écossais. Son étonnement la fit balbutier quelques instants, ne sachant plus si elle n'aurait pas dû dire « messieurs-dame » au lieu de « messieurs », mais comme elle avait déjà croisé, sur le quai de la gare du Nord, un groupe folklorique de Highlanders, elle se ressaisit aussitôt.

Elle chercha un moment ses mots en se dandinant d'un soulier éculé sur l'autre. Elle ne savait pas comment aborder le sujet. Enfin, elle se lança :

— J'ai cru entendre, tout en lisant mon journal, que vous étiez propriétaires au Peu des Corbaigeaux ?

— Exact ! lâcha Pierre Poulacre sur un ton de grande indifférence.

Il lui avait à peine concédé un regard. « De quoi elle se mêle, cette mocheté ? » pensait-il.

Malvina se gonfla dans son petit tailleur vert tout froissé :

— Moi aussi. Nous sommes même voisins.

La bouche molle de Pierre Poulacre s'entrouvrit. De toute évidence, Malvina ne faisait pas partie du voisinage souhaité.

— Ah bon ! réussit-il à articuler sur un ton qui n'exprimait pas vraiment la joie.

Edward Arthymore, qui avait une plus grande expérience de la vie que son ami, pressentit qu'il devait y avoir intérêt à converser avec celle qui restait debout devant eux, tout en malaxant nerveusement son journal :

— Je vous en prie, asseyez-vous. Voulez-vous un thé ?

Bien qu'elle eût horreur de ce qu'elle appelait « de la pisse d'âne », elle s'empressa d'accepter.

— Ainsi nous sommes voisins ?

— Oui, je possède des terrains sur le bord de mer au Peu des Corbaigeaux.

Malvina ne jugea pas bon de préciser le numéro des parcelles.

De son côté, Pierre Poulacre affichait ostensiblement un air détaché de la conversation de ce petit bout de bonne femme sans aucun attrait.

Pendant le quart d'heure qui suivit, le dialogue, entretenu surtout par Edward, fut des plus banals : Ré, ses maisons blanches, son sable fin, sa luminosité incomparable, ses habitants, l'infini de l'océan…

Au bout d'un moment, Malvina commençait à bouillir. Elle en avait vraiment assez de tourner sa cuillère autour de sa tasse, surtout qu'un vieil instinct lui avait fait deviner que les deux hommes assis en face d'elle appartenaient à la classe patronale. Ses réflexes de syndicaliste chevronnée reprirent bien vite le dessus. Ils lui soufflaient qu'il risquait d'y avoir de la revendication dans les heures à venir.

Elle regarda Pierre Poulacre droit dans les yeux :

— Montrez-moi le plan.

Le minotier obtempéra.

Ses doigts, rougis par les détergents, coururent un instant sur le dessin de la côte à la recherche de son héritage :

— C'est là ! Parcelles 17 et 18.

— Ah ! Effectivement, nous sommes voisins, reconnut Pierre Poulacre qui apparemment regrettait ce fait.

Une fois de plus, Malvina essaya de gonfler sa poitrine plate dans son petit tailleur vert tout fripé, avant de lancer :

— Et j'ai également la moitié de la parcelle 19.

Comme en Mai 68, elle eut l'impression d'avoir fait mouche avec un pavé. Sauf que là, ce n'était pas un C.R.S. Mais l'effet fut le même sur Pierre Poulacre. Il avait pris le coup en pleine face. Par réaction, il sembla s'apercevoir pour la première fois de la présence de Malvina. Se ressaisissant, il afficha un sourire suave et, sur le même ton qu'il avait pris pour dire à Gabriel Ritoux qu'il était licencié, il dit, les yeux baissés sur la carte :

— Je regrette, chère Madame, la parcelle 19 est à moi, intégralement à moi. Vous n'en avez pas la moitié, ni même le quart. Les actes sont là qui le prouvent.

— Et moi, Monsieur, j'ai un acte qui prouve le contraire, cracha Malvina en soufflant la fumée de sa gauloise dans le visage de Pierre Poulacre.

Brusquement, c'en était fini de cette conversation cucul sur Ré la Blanche, ses œillets qui embaument les dunes, la sérénité de ses nuits étoilées, la douceur des soirs d'été sur la plage. Malvina n'en avait rien à faire de tout cela. Ce qu'elle voulait, elle, c'était récupérer sa part.

Le sourcil retroussé, l'œil revendicateur, elle dévisagea Pierre Poulacre. Son jugement était sans appel : « Le profil même du patron exploiteur de la classe ouvrière. » Comme dans les réunions auxquelles elle était habituée, elle tapa du poing sur la table :

— Et croyez-moi, Monsieur, que je saurai faire valoir mes droits. Les syndicats et les tribunaux ne sont pas faits pour les chiens.

Pierre Poulacre répondit par un geste d'épaules qui exprimait bien qu'il n'en avait rien à faire. Ce simple geste eut le don de faire monter un peu plus la colère de Malvina Groubert :

— … Et ma part, Monsieur, vous me la paierez. Au prix du terrain à construire, ma part ! affirma-t-elle.

Edward Arthymore, qui jusque-là s'était contenté de fumer sa pipe, avança sur un ton bienveillant en souriant de toutes ses grandes dents jaunes :

— Il faut que vous sachiez, chère Madame, que mon ami et moi avons de grands projets au Peu des Corbaigeaux. Au lieu de tout de suite nous quereller pour quelques mètres carrés de terrain, il serait mieux que vous nous fassiez une offre de prix pour l'ensemble de vos parcelles que nous aimerions éventuellement vous acheter.

La proposition était inattendue et déséquilibra Malvina. Jamais elle n'avait rêvé de trouver un acquéreur aussi rapidement. Le temps d'allumer une cigarette, d'expulser un nuage fumigène protecteur, elle était retombée sur ses deux pieds. Elle reconnaissait bien là les manœuvres hypocrites de la gent patronale. Le sourcil toujours relevé en bataille, elle déclara :

— Ne détournons pas la question. Pour le moment, je ne vends rien. Je veux simplement récupérer mes droits.

Mais en annonçant clairement sa détermination, une question se posait, impérative, à son esprit : « À quel prix ? »

La réponse lui fut presque donnée par Pierre Poulacre qui laissa tomber :

— Il va sans dire que nous achèterions au prix du terrain en friche, car vos deux parcelles ne font pas les mille mètres exigés pour être constructibles.

C'en était trop. Malvina Groubert jaillit de sa chaise et toisa du haut de son mètre cinquante-deux, les deux hommes vautrés dans leur fauteuil. Le bruit de la mer toute proche parvenant à ses oreilles — qui avaient d'autres choses à écouter que le bruit des vagues — lui rappela le brouhaha des manifestations place de la Bastille ; et le claquement d'une voile dans le port, celui des banderoles contestataires dans les défilés. Stimulée, elle faillit se mettre à chanter *l'Internationale*. Mais elle ne le fit pas, car pour elle, ce n'était pas « la lutte finale ». C'était le début d'une déclaration de guerre.

Quelques heures avant que Malvina fasse connaissance avec ses voisins du « Peu des Corbaigeaux », la fraîcheur matinale tira Gabriel Ritoux de son sommeil, mais il lui fallut un seau ruisselant de l'eau fraîche du puits avant qu'il ne soit complètement réveillé. C'est alors qu'il se souvint de la visite de son ancien patron et des menaces qu'il avait proférées.

Une heure plus tard, il enfourchait sa Mobylette pour se rendre au café de la Place. Comme il s'en doutait, il y trouva Urbain, un de ses copains de belote, véritable pilier du bistrot. Après deux petits blancs secs, Gabriel lui confia ses soucis.

Urbain lui posa une main protectrice sur l'épaule et plongea ses yeux larmoyants d'alcoolique dans ceux de son copain :

— Dans ce cas-là, mon Gaby, il faut que tu voies de Brimonsel, le président de l'A.P.P.P.P.P.P., lui affirma, catégoriquement Urbain, de son état employé à la ville de La Rochelle, mais en arrêt longue maladie pour traumatisme psychologique après avoir été menacé verbalement par sa supérieure hiérarchique.

Les petits yeux bleus de Gabriel Ritoux se firent encore plus ronds pour montrer son incompréhension et sa surprise. « Je n'avais jamais remarqué qu'Urbain bégayait », se dit-il tout étonné.

— Le président de la pépée… ?

Celui-ci se sentit donc obligé de lui donner quelques explications :

— L'A.P.P.P.P.P.P., l'Association Pour la Protection des Particuliers Propriétaires de Petites Parcelles.

Une heure plus tard, il repartait sur sa Mobylette et se rendait chez le président de cette association de défense, ancien avocat rayé du barreau à cause de ses articles plaidant pour la supériorité de la race normande sur la race bretonne. (À noter, qu'il ne s'agissait pas du tout de races bovines, mais bel et bien de la race humaine.) Depuis sa destitution, de Brimonsel, revanchard, ne rêvait plus que d'en découdre et militait ouvertement avec l'extrême droite. Le cas Ritoux était une bonne occasion, pour lui, de croiser le fer, de manière épistolaire, et de s'en servir comme tremplin électoral.

Depuis ce jour, indifférent à toutes les menaces, que d'ailleurs il ignorait, car tout le courrier concernant ses problèmes était adressé directement à l'ex-avocat, Gabriel Ritoux restait aussi placide qu'un Suisse, fort de sa neutralité. Comme par le passé, tous les matins, assis sur la planche de ses cabinets, le pantalon sur les chevilles, il continuait de sourire béatement à l'infini qui s'ouvrait devant lui et sous lequel se cachaient ses palourdes. Et il était heureux. Tout bonnement heureux.

VIII

PLUS D'UN AN S'ÉTAIT ÉCOULÉ depuis que Pierre Poulacre et son ami avaient rencontré Malvina Groubert. Depuis ce jour, entre eux, ce n'était pas vraiment la guerre déclarée, comme l'avait alors pensé Malvina. Non. Cela ressemblait plutôt à ce qu'on avait appelé, dans les années 40 « la drôle de guerre ». Mais cette fois, c'était les notaires et les avocats qui jouaient le rôle de ministres plénipotentiaires. Pendant toute cette période, ils avaient échangé des lettres entre « Cher Maître » et « Cher Collègue » où propositions mielleuses et menaces perfides s'entrecroisaient à n'en plus finir. En fin de compte, chacun était resté derrière sa ligne Maginot pour mieux préparer son attaque.

Depuis six mois, Pierre Poulacre avait totalement abandonné la minoterie familiale à ses successeurs. Pour meubler le temps, en attendant que toutes ces difficultés administratives soient aplanies, lui et son ami avaient visité l'Europe, sous prétexte de rechercher dans les hôtels de luxe où ils descendaient des idées pour le leur. Le printemps et ses premiers bourgeons leur donnèrent envie de revoir l'île de Ré et plus particulièrement le « Peu des Corbaigeaux ». En attendant que la construction de leur rêve bouleverse le terrain, Edward tenait à y cueillir, une fois encore, un bouquet de fleurs sauvages afin de les offrir à son ami. Et, pieux pèlerinage au pays des tendres souvenirs, ils étaient redescendus à l'auberge de la Marée où le printemps précédent, ils avaient vécu des heures inoubliables. Pierre Poulacre avait même insisté pour avoir la chambre 31, celle où ils s'étaient enfin retrouvés après une si longue séparation.

Ils revenaient d'une longue promenade main dans la main, pieds nus dans la baie, quand le réceptioniste de l'hôtel leur tendit une lettre. Elle émanait de maître Haffrick, le notaire de Pierre Poulacre. C'est lui qui avait défendu brillamment ses intérêts lors de la vente de la minoterie. Dans ce courrier dactylographié, il lui apprenait qu'il avait convoqué madame Malvina Groubert à onze heures le lundi suivant et qu'une rencontre à son bureau entre les deux parties était souhaitable. En bas de page, le notaire avait ajouté, écrit de sa main : « Afin que nous puissions argumenter sérieusement contre les intérêts de la partie adverse et conclure à votre avantage cette affaire, je vous attendrai à mon étude dès dix heures quinze. »

Le lundi suivant à dix heures dix Pierre Poulacre et Edward Arthymore, comme un seul homme, franchissaient la grande grille en fer forgé surmontée d'un panonceau doré. Cinq minutes plus tard, maître Haffrick, large sourire et geste ample, leur proposait les deux majestueux fauteuils disposés face au sien.

Victime sans doute d'idées préconcues, l'Écossais s'attendait à rencontrer un vieillard tremblotant ; il fut donc agréablement surpris de trouver un homme à l'allure sportive, à la cinquantaine encore séductrice. Se méprenant sur le regard que lui décrocha le notaire, il ne put s'empêcher de croiser haut les jambes et de remonter légèrement son kilt afin de dévoiler un peu plus haut que le genou. Mais, si le notaire savait se montrer aimable avec ses clients importants, il n'aimait pas suffisamment son métier au point de pratiquer l'homosexualité. Il gagnait amplement pour entretenir plusieurs maîtresses et un voilier de dix-huit mètres mouillé sous les cocotiers d'un paradis fiscal, il n'avait pas du tout envie de s'encombrer d'un Écossais aux dents jaunes.

Il fit mine de mettre de l'ordre dans quelques dossiers posés sur son vaste bureau, histoire de se donner une contenance et de récapituler ses idées et, les deux mains bien à plat sur le classeur qu'il avait gardé devant lui. Il en contempla le titre intitulé « Poulacre-Groubert » et entra sans plus attendre dans le vif du sujet :

— Je ne vous cache pas que notre affaire n'est pas des plus aisées.

Pierre Poulacre eut un geste de recul, comme sous le coup d'un choc et son visage exprima une certaine déconvenue :

— Moi qui croyais que nous venions pour y mettre un point final !

— Oh ! mon cher Monsieur, nous en sommes encore loin. Notre Gabriel Ritoux nous donne bien du fil à retordre.

— Comment, ce clochard…

Maître Haffrick opina longuement de la tête :

— Ce clochard, comme vous le dites, a des accointances insoupçonnées. Notamment avec un certain extrémiste nommé de Brimonsel. Cette parcelle 19 sur laquelle il s'incruste, est en train de devenir un véritable enjeu politique qui n'est pas sans rappeler le fameux « corridor de Dantzig ».

Le notaire fit une pause pour observer Pierre Poulacre qui, devant lui, soulevait un sourcil interrogateur.

— Il est vrai que vous étiez trop jeune en 39 pour vous souvenir de cet événement, remarqua alors le notaire, féru d'histoire contemporaine.

Pierre Poulacre eut une mimique pour avouer son ignorance, tandis qu'Edward Arthymore, qui n'avait pas suivi la conversation, dévorait des yeux le tabellion en se répétant : « Mon Dieu, qu'il est beau, cet homme ! »

— Oui, ce Gabriel Ritoux est défendu d'une part, par un mouvement extrémiste de droite, très virulent, avec à sa tête, à l'île de Ré, ce fameux de Brimonsel qui espère, en se faisant l'avocat de ce marginal, s'amener les faveurs de la classe ouvrière ; d'autre part, par le maire lui-même. Il a pris fait et cause pour lui à la dernière réunion du conseil municipal.

Le notaire gardait une vieille rancune contre le maire qui l'avait empêché de conclure une vente juteuse. Il en profitait donc, dès que l'occasion lui était bonne, pour le démolir quelque peu, en y mettant néanmoins une certaine forme :

— Vous n'êtes pas sans savoir toutes les palinodies auxquelles sont obligés parfois de se livrer les hommes politiques ? Le maire lui, le pauvre, ne fait pas exception. C'est pour cela, qu'après avoir été le chantre d'une certaine classe aisée, il se veut, sans doute dans un souci d'impartialité, être maintenant l'apôtre des prolétaires. Au nom des principes sacrés de la liberté et des droits de tous à l'accès à la propriété, il ne veut pas expulser Ritoux.

— Le maire !

Le notaire eut un petit sourire qui en disait long :

— Oui, le maire.

— Mais ce Ritoux, il est sur ma propriété !

À nouveau maître Haffrick eut un petit sourire en coin et un petit geste d'apaisement de la main. Il reprit, un ton plus bas et le regard en dessous :

— Il ne faut pas oublier, que le maire est également restaurateur. Vous connaissez sans aucun doute ses fameuses palourdes farcies sur un coulis de petites algues vertes, couronnées d'une purée de crabes rouges ?

— Excellent ! Surtout accompagnées par un bon vieux whisky des Highlands, remarqua l'Écossais, ses grandes dents avancées comme en offrande au notaire.

— Eh bien ! c'est Ritoux qui les lui fournit. Sans lui, il devrait s'approvisionner soit en Bretagne, voire même en Espagne. Et à quel prix !

— Mais, ne pourrait-il pas loger ailleurs ce va-nu-pieds ?

— Sans aucune doute ! Mais Ritoux ne veut rien entendre. « Je ne partirai de chez moi que pour aller au cimetière » aurait-il déclaré. Le maire, quant à lui, ne veut pas prendre le risque de contrarier un fournisseur si peu exigeant qui ne délivre jamais de facture. Sans oublier que les prochaines élections approchent. La liste d'opposition au maire est puissante. Elle ne manquerait pas de lui reprocher l'expulsion de ce Ritoux, si jamais il prenait cette initiative, car voilà bientôt trente ans que la famille Ritoux campe plus ou moins sur ce terrain. Et voilà le drame.

— Alors ?

— Alors, il reste madame Malvina Groubert.

Les yeux globuleux de Pierre Poulacre se firent un peu plus inexpressifs :

— Pardon ?

De la pointe de son majeur, maître Haffrick releva un bout de mèche grise qui lui chatouillait le lobe de l'oreille et se racla la gorge avec distinction :

— Mon cher Monsieur Poulacre, sachez que cette pauvre madame Groubert n'a pas un sou vaillant ! Soyez persuadé qu'elle est pressée de vendre. Votre prix sera le sien.

La face molle de Pierre Poulacre exprima le doute et sa voix une certaine inquiétude :

— Oui, mais il n'empêche qu'elle revendique toujours la moitié de la parcelle 19.

Le notaire se recula dans le fond de son fauteuil et eut un sourire qu'il gardait généralement pour l'acte final :

— Mon cher Monsieur Poulacre, faites-moi confiance. Les revendications de cette dame, j'en fais mon affaire.

Rassuré, Pierre Poulacre parla alors de ses investissements futurs et Edward Arthymore insista pour que le notaire vienne se rendre compte lui-même sur place de la beauté du site, en attendant de venir à l'inauguration de l'hôtel où il se ferait un plaisir de l'accueillir en personne. Le notaire ne manqua pas de remercier avec chaleur. Puis la conversation tourna sur les Caraïbes que tous trois connaissaient bien.

L'entrée d'une élégante secrétaire interrompit leur conversation. Elle pencha son décolleté au-dessus du bureau du notaire, le regarda dans les yeux et roucoula :

— Maître, madame Groubert attend dans la salle d'attente depuis quarante minutes.

Elle sortit en tortillant des fesses, accompagnée du regard réprobateur de l'Écossais : « Je parierais qu'elle est sa maîtresse » se dit-il, moins scandalisé que déçu.

Dix minutes s'écoulèrent encore avant que Malvina Groubert ne soit introduite dans le bureau notarial et fasse son entrée, dans son éternel petit tailleur vert. Elle était précédée de la secrétaire qui tenait une chaise en bois récupérée dans le local des archives.

Sans même se lever de son fauteuil, Pierre Poulacre lui tendit une main tiède et humide. Son ami Edward ne décroisa pas les jambes mais amorça une courbette et lui montra ses grandes dents en gage de sympathie. Seul, le notaire se sentit dans l'obligation professionnelle de se lever pour lui montrer la chaise :

— Je vous en prie, donnez-vous la peine de vous asseoir, chère Madame.

Malvina Groubert obtempéra et posa son coccyx saillant sur le bord du siège inconfortable. Son dos, bien droit et bien parallèle au dossier qu'elle ne touchait pas, se courbait brusquement au niveau des omoplates comme écrasé par le poids d'une vie trop lourde à porter, et l'obligeait à étirer son cou, maigre et ridé, pour redresser sa petite tête artificiellement frisottée par des heures de bigoudis. Dans ses mains rougies, aux doigts déformés par de vieilles engelures, elle tenait son sac à main. Son visage, aux lèvres presque inexistantes, s'était ratatiné davantage depuis sa dernière venue à l'île de Ré. Il faisait vraiment penser à une vieille pomme de terre oubliée derrière une pile de cageots. Seuls, ses yeux, gris comme sa peau, affichaient une lumière froide d'où transparaissait une détermination sans limites.

Le temps de reprendre place dans son profond fauteuil, maître Haffrick croisa le regard de Malvina. Il lui rappela une peinture de l'époque stalinienne.

Était-ce « La Kolkhozienne » ou bien tout simplement un des nombreux personnages de cette grande fresque célébrant la gloire du « Peuple révolutionnaire en marche ». « Qu'importe ! » se dit le notaire, mais quand il posa ses fesses sur son siège, deux petites rides soucieuses dessinaient leurs petites lignes verticales entre ses sourcils bruns. Une seconde plus tard, quand il releva la tête en direction de ses clients, les ridules avaient disparu et le large sourire accueillant que l'on enseigne en faculté de droit aux futurs notaires, éclairait le visage de maître Haffrick.

Selon une habitude qui était devenue un tic, il passa à gauche un classeur disposé à sa droite et inversement ; puis posant ses deux mains à plat sur le dossier « Poulacre-Groubert » et arborant toujours son sourire d'homme d'affaires sur le point de conclure, il lança un tonitruant :

— Bien !

— Je ne suis pas d'accord.

Interloqué, le notaire tourna la tête vers Malvina dont seules les lèvres avaient bougé :

— Mais, je n'ai encore rien dit.

— Mais moi je dis : « je ne suis pas d'accord », car rien n'est acceptable dans tout le courrier que j'ai reçu de vous et de toute cette classe bourgeoise qui prétend défendre les intérêts de cet énergumène qui occupe mon terrain. Ce n'est qu'entourloupes et trompe-couillons.

L'invective fit se lever en même temps le notaire et Pierre Poulacre. Doudou Arthymore faillit également se lever, mais il se contenta de décroiser ses grandes jambes.

— Madame, je vous prierais d'avoir la bienséance ne pas insulter l'ordre respectable des notaires, fit maître Haffrick dont le sourire doucereux avait fait place à un rictus menaçant.

— Mais cet énergumène, comme vous le dites si bien, il n'est pas dans votre terrain ! Il est dans « mon » terrain ! cria presque Pierre Poulacre dont les joues molles s'étaient brusquement enflammées sous l'emprise de la colère avant que la main conciliante de son ami ne le fasse se rasseoir.

Mais, sourde à toutes ces menaces verbales, Malvina continua :

— Vous vous en fichez bien de ce Ritoux. Tout ce que vous voulez c'est que j'abandonne mes droits sur la parcelle 19, afin que je vende la 18 à ces deux pédés, au prix du terrain en friche inconstructible.

— Madame, je vous en prie ! Un peu de correction ! s'indigna le notaire.

Pierre Poulacre n'assumait pas ouvertement son homosexualité, aussi donna-t-il l'impression de vouloir disparaître au creux de son fauteuil. Son ami, au contraire, se redressa, retroussa les lèvres et montra sa dentition équine, à croire qu'il allait hennir :

— En vous regardant, madame, on ne peut que comprendre le choix de mon ami et de moi-même, dit-il.

Le notaire, fort d'une longue expérience, s'efforça de récupérer bien vite son self-control pour parer à l'orage qu'il sentait monter dans l'air confiné de son étude.

Il se frotta longuement les mains et retrouva son sourire qui dévoila quelques molaires en or :

— Chère madame Groubert, si je vous ai fait venir, ainsi que ces messieurs, c'est dans l'intention d'un arrangement à l'amiable. Au mieux des intérêts des deux parties.

Malvina, toujours assise sur le bord de sa chaise, son petit sac sur les genoux et ses grosses mains de travailleuse sur son petit sac, n'avait pas bronché. Seuls, ses sourcils s'étaient redressés en accent circonflexe :

— Alors, allez-y ! Je vous écoute.

Sa voix avait la sècheresse d'un couperet de guillotine s'abattant sur le col d'un condamné.

IX

À LA ROCHELLE, sur la place de Verdun, aux alentours de midi, c'était le va-et-vient habituel des autobus près desquels s'agglutinait la foule sympathique et exubérante des collégiens. Certains formaient des groupes tapageurs d'où s'échappaient des rires et des nuages de fumée ; quelques autres plus discrets, vautrés sur les rares bancs ou simplement appuyés à un réverbère, savouraient les premiers émois de l'amour en caressant du bout des doigts et des lèvres l'âme sœur contre laquelle leur corps se moulait.

Indifférente à cette cohue juvénile, à ses amours éphémères, Malvina Groubert, assise à l'extrémité d'un banc, à côté de deux jeunes qui se bécotaient en ignorant le reste du monde, mordait méchamment dans un sandwich. L'entrevue chez le notaire ne lui avait pas coupé l'appétit. Elle avait même une faim de loup, n'ayant pas eu le temps de manger depuis près de vingt-quatre heures.

Elle attendait là le prochain bus à destination de l'embarcadère pour l'île de Ré.

Elle était arrivée le matin même, en gare de La Rochelle, par le train de nuit, après avoir voyagé en seconde classe, puisqu'elle avait déjà utilisé son unique billet gratuit de première. Tout en dévorant son saucisson à l'ail, elle se félicitait d'avoir obtenu dix jours de congés maladie, sans compter les week-ends. Cela lui laissait deux semaines, pour essayer de démêler cet imbroglio savamment tissé par « Haffrick et ses acolytes ». C'est sous cette étiquette qu'elle dénommait globalement maître Haffrick, Pierre Poulacre et son ami Edward Arthymore. Il est vrai qu'il paraissait évident — c'était du moins la conviction de Malvina — que maître Haffrick avait pris la défense des intérêts de Pierre Poulacre. Mais c'était sans compter sur son entêtement à elle. À croire qu'elle tenait de l'âne de son grand-père qui, malgré les coups de bâton, ne voulait jamais entrer dans la ruelle tant que l'on n'avait pas effacé le jeu de marelle dessiné sur le sol par les gamins.

Rien d'étonnant donc que la réunion, prétexte d'un arrangement à l'amiable, se soit, en définitive, soldée par un fiasco.

Tout en mastiquant péniblement le pain caoutchouteux du maigre casse-croûte refilé discrètement par le barman du wagon-restaurant, elle remâchait, l'œil rivé sur le bitume, l'entretien qu'elle venait d'avoir chez le notaire. « Faux jeton », concluait-elle, quand au même moment, derrière elle, une voix dont elle reconnut l'accent la fit sursauter :

— Madame Groubert, voulez-vous nous faire le plaisir de venir prendre un petit quelque chose avec nous, au café de la Paix ?

Malvina se retourna d'un bloc, prête à mordre bien qu'elle eût la bouche pleine. Edward Arthymore, le sourire fendu jusqu'à ses grandes oreilles décollées, lui offrait gracieusement — du moins le prétendait-il — ses touches de piano serties de tartre. Derrière lui, Pierre Poulacre tentait, tant bien que mal, de se dissimuler, ne sachant quelle attitude prendre.

Présageant le refus qu'elle allait lui opposer, l'Écossais ajouta sur un ton des plus amènes :

— Peut-être pourrions-nous, tout en nous restaurant agréablement, trouver un arrangement que le notaire n'a pas besoin de connaître.

Cet arrangement, les deux hommes l'avaient mis sur pied, deux jours plus tôt, alors que tous deux mijotaient depuis un quart d'heure dans l'eau bouillonnante du jacuzzi de l'auberge de la Marée.

Edward Arthymore, qui avait de grands desseins avec l'argent de son ami, avait le premier émis l'idée :

— Si tu veux que notre projet ait l'envergure et le chic que tu souhaites, il ne faut pas l'enserrer dans les quelques petits ares de ta propriété.

Les cheveux collés sur son visage en sueur, Pierre Poulacre, tout en continuant à jouer avec les grosses bulles qui crevaient la surface fumante, se laissa glisser un peu plus dans l'eau chaude et parfumée :

— Je présume, mon beau Doudou, que tu penses à la propriété de Malvina Groubert ?

— Évidemment ! J'y vois déjà la grande piscine dominant la mer, la piste de danse, le bar…

Il n'en fallait pas tant pour faire rêver Pierre Poulacre :

— Des violons jouant dans la nuit étoilée… ou bien encore, un orchestre New Orleans interprétant Gershwin, Armstrong…

Plus pragmatique, l'Écossais l'interrompit par une remarque qui lui fit l'effet d'un iceberg tombant dans l'eau brûlante dans laquelle il se prélassait :

— Oui, mais voilà, entre Malvina Groubert et toi, il y a cette fameuse parcelle 19 avec le clochard dessus.

Son rêve brutalement brisé, Pierre Poulacre donna l'impression de vouloir se saborder. Il se laissa sombrer et pendant vingt secondes disparut trois centimètres en dessous de la surface de l'eau dont le thermomètre affichait 37°.

Le contact, contre sa cuisse, des orteils calleux de son ami le fit remonter à la surface.

— Oui, mais il n'est pas immortel, ce Ritoux, glissa insidieusement Edward.

L'œil globluleux de Pierre Poulacre se fit interrogateur.

— Un accident est vite arrivé, continua sur le même ton l'Écossais.

Une lueur d'espoir et d'admiration s'afficha sur le visage écarlate de Pierre Poulacre. Il posa une main affectueuse sur la large épaule de son ami :

— Doudou, je t'en prie, dis-moi.

Cinq minutes plus tard, enveloppés dans leur peignoir de bain, ils montaient dans leur chambre mettre sur pied un plan dont Edward Arthymore venait d'ébaucher les grandes lignes.

Il n'y avait pas dix minutes que les deux hommes avaient rencontré Malvina Groubert que tous trois étaient déjà installés au fond de la grande salle du café de la Paix, au plafond richement décoré de trompe-l'œil façon fin dix-neuvième. Entre eux flottait un épais nuage d'hostilité et de méfiance qui n'était pas sans rappeler l'atmosphère qui avait pu régner dans le wagon de Rethondes, à la signature de l'armistice de 14-18.

En silence, Malvina engloutit, aussi voracement que son sandwich, une copieuse entrecôte-frites et vida presque à elle seule la bouteille d'un petit château bordelais. « Incroyable qu'une bonne femme aussi malingre puisse manger avec une telle avidité » se disait Pierre Poulacre, qui l'observait du coin de l'œil. Lui, il avait à peine touché à sa sole meunière et donnait l'impression d'être très absorbé par les allées et venues des garçons de café en petit gilet à fines rayures noires et jaunes et à long tablier blanc tombant jusque sur leurs chaussures lustrées. À côté de lui, Edward Arthymore se curait les dents avec application après avoir mangé une grosse part de bœuf bourguignon. Pour parfaire son nettoyage dentaire, il fit entendre un bruit rappelant celui d'un lavabo qui se débouche avant de s'adresser à Malvina, sur un petit ton badin :

— Vous avez noté ce qu'a souligné le notaire concernant Ritoux ?

L'interpellée immobilisa la bouchée de pain qu'elle tournait en rond dans son assiette pour en éponger les dernières gouttes de jus de viande. Elle releva juste un sourcil :

— Quoi ?

— Que fin août, cela fera trente ans que le père Ritoux d'abord, puis Gabriel Ritoux son fils ensuite, vivent d'une façon quasi continue sur cette parcelle 19.

— Bien sûr que je l'ai noté ! répliqua Malvina, sa joue habituellement creuse gonflée par la grosse bouchée de pain.

— Il sera très facile à ce Brimonsel, le défenseur de Ritoux, de trouver deux témoins qui confirmeront cet état de fait…

— C'est certain !

— Il nous sera alors impossible de l'expulser, en vertu de ce que l'on appelle, si je ne m'abuse : « l'application du droit trentenaire ».

— Et alors ? questionna Malvina, toujours sur la défensive.

— Il nous faut donc trouver un moyen pour qu'il quitte les lieux avant cette échéance de trente ans…

Edward Arthymore allait continuer son raisonnement, mais Pierre Poulacre, apparemment pas très à l'aise, s'agita un moment sur son siège, toussota et dit timidement :

— Je mangerais bien une petite glace.

— Et moi, une grosse, précisa Malvina qui savait que l'addition n'était pas pour elle.

Dès que le serveur fut reparti, elle demanda, son nez pointu frôlant la chantilly :

— Et alors ? Où voulez-vous en venir ?

— Mais chère Madame, tout bonnement à ceci : si, au mois d'août, Gabriel Ritoux devenait légalement propriétaire de la parcelle 19, votre parcelle ne nous intéresserait plus du tout, car d'abord, elle ne toucherait plus le terrain de mon ami Pierre ; ensuite, elle n'aurait plus aucune chance de devenir constructible. Trop petite.

— Mais la vôtre non plus ne sera pas constructible. Elle ne fait pas mille mètres carrés, la vôtre !

L'Écossais eut pour Malvina un regard plein de commisération :

— Oh ! Ma pauvre petite madame. Il nous en manque si peu pour avoir le permis de construire ! Juste cinquante petits mètres carrés… Il nous sera très facile, grâce aux relations de Pierre, d'avoir une dérogation. Mais vous, par contre !…

Ce « vous par contre », éructé avec l'accent écossais, laissa Malvina bouche bée. Son visage, que le vin de Bordeaux avait teinté d'ocre, brusquement reprit son habituelle couleur quai de gare. Ce « vous par contre », c'était un véritable uppercut dans l'entrecôte qui gonflait son estomac, et la chantilly lui en remonta jusqu'aux amygdales. Ces trois mots venaient de mettre en évidence l'inégalité du combat.

Edward Arthymore sentit l'avantage qu'il venait de prendre. Il continua donc sur un ton pâteux accentué par le camembert dans lequel s'engluaient ses grandes dents :

— Vous avez bien entendu ce qu'a dit le notaire ? Pour faire valoir vos éventuels droits sur la parcelle 19, il vous faudrait fournir l'origine de propriété de cette parcelle acquise par vos grands-parents, et la preuve que votre grand-père n'en avait pas fait la donation à sa deuxième femme…

— Mais, il le sait bien le notaire ! Il a les actes, lui !

— Il avait… avant l'incendie de ses archives. Mais peut-être qu'aux Archives départementales, vous pourriez trouver le double. Naturellement, cela demande beaucoup de temps… précisa Arthymore d'un air faussement bienveillant.

Sur son siège, Malvina avait l'air d'un poids plume qui aurait lutté pendant dix rounds contre un poids lourd. Elle ne répondit pas. D'un seul coup, elle se sentit très lasse. Lasse d'une nuit blanche dans le train, mais surtout lasse de toute une vie de combats et d'échecs.

Pendant que Pierre Poulacre continuait de jouer les spectateurs prudents en attendant le K.O. final, son ami en profita pour renforcer son avantage. Il susurra :

— Chère madame Poulacre, il suffirait que Gabriel Ritoux disparaisse, que vous abandonniez vos hypothétiques droits à la moitié de cette parcelle 19 et alors, mon ami et moi serions disposés à vous acheter votre terrain à un prix… un prix honnête. Très honnête même.

Malvina ne répondit pas. Elle fixa sa glace chantilly qu'elle n'avait pu finir et qui s'était liquéfiée dans sa coupe. Geste réflexe, elle alluma une gauloise dont la fumée fit tousser Pierre Poulacre. Elle pensait à sa vieille bâtisse, dans le fond de la ruelle, à côté de chez sa cousine. Qu'est-ce qu'il veut dire par « honnête ». Est-ce qu'ils lui donneraient suffisamment pour la restaurer ?

— Oui, mais pourquoi voulez-vous que Ritoux disparaisse ? Il n'a pas envie de partir.

Edward Arthymore eut un balancement de tête de gauche à droite, avant de dire sur un ton sibyllin :

— Oh ! madame. On ne sait jamais ce que l'avenir nous réserve. Cet homme vit seul, il n'a pas de descendant, c'est sans doute pour cette raison qu'il se laisse aller de temps à autre à la boisson. Il pourrait très bien, un soir d'ivresse, tomber de la falaise et se fracasser le crâne, par exemple.

Les petits yeux gris de Malvina cherchèrent ceux de l'Écossais, afin de mieux comprendre le sens de sa phrase, mais celui-ci avait tourné son regard vers son ami et mis sa main dans la sienne :

— N'est-ce pas Pierrot ?

— Oh ! oui, Doudou. C'est bien vrai ce que tu dis. Un accident est tellement vite arrivé, répondit Pierre Poulacre, les yeux tournés vers les bouquets de fleurs décorant le plafond. Au bout d'un moment, il consentit à les baisser pour les plonger dans ceux de son ami, et s'adressa à lui, ignorant Malvina :

— Ce ne serait pas une grosse perte. À part balayer ma minoterie, cet homme n'a jamais rien fait d'utile dans sa vie, tandis que sa mort permettrait la réalisation de grands projets. Sa mort serait le premier acte utile de son existence. Tu n'es pas de mon avis, Doudou mon cher ami ?

Bien qu'il ne s'adressât pas à elle, Malvina devina que la conversation lui était destinée. Une sorte d'invitation au meurtre, en quelque sorte. Indignée, elle allait rétorquer, mais une nuit blanche et la digestion lourde freinaient sa répartie habituellement prompte à fuser, surtout lorsqu'il s'agissait de défendre ses intérêts. Elle n'avait pas encore ouvert la bouche, qu'Edward Arthymore, étreignant toujours la main de son voisin de table, déclarait :

— Il est certain que ce Ritoux est un parasite qui vit à nos dépens, un peu comme un bernard-l'ermite dans la coquille d'un bigorneau…

— Ou encore comme un vilain coucou dans le gentil nid d'une jolie fauvette, renchérit Pierre Poulacre en roulant des yeux doux à l'Edward de son cœur.

— Bientôt, dès qu'il ne pourra plus subvenir à ses besoins quotidiens, non seulement il continuera de vivre à nos dépens mais aussi à la charge de la société tout entière.

— Oui, mais ce n'est tout de même pas une raison pour le liquider, se révolta Malvina.

D'un geste, Edward Arthymore avait commandé une autre bouteille de bordeaux au serveur. Il emplit le verre de Malvina qui le but instantanément. Il enchaîna, toujours sur ce ton doucereux qu'il avait adopté pour converser avec elle :

— Alors, chère madame, si vous le préférez, laissons-le vivre sur la parcelle 19 qu'il s'est appropriée. Laissons-le y jouir, peut-être quarante ans, peut-être plus encore, de l'air du large, de la chaleur du soleil, du parfum des immortelles qui fleurissent sur le terrain de vos grands-parents, pendant que vous, chère madame Groubert, vous irez trimer gare du Nord, que vous irez passer d'interminables nuits blanches à respirer la fumée cancérigène des diesels, jusqu'à ce que, si Dieu veut bien vous prêter vie, vous échouiez dans un pauvre hospice de banlieue, parmi les vieillards tremblotants et baveux.

La voix lancinante d'Arthymore pénétrait le cerveau embrumé de Malvina et ses paroles la faisaient souffrir comme des coups de marteau. C'était, presque mot pour mot, les cauchemars qui hantaient trop souvent son sommeil pour la poursuivre une grande partie de ses nuits éveillées. Combien de fois n'avait-elle pas imaginé cette vieillesse qui l'attendait ? Toute sa vie, elle n'avait été qu'une barque abandonnée, luttant dans la tempête. Mais — elle le sentait dans son corps usé — ne saurait tarder le jour, où elle n'aurait plus assez de force pour se battre, où elle ne serait plus qu'une épave encore un peu plus ballottée, un peu plus disloquée, ignorée de tous, commençant déjà à mourir sans avoir jamais vraiment vécu.

Malvina eut envie de se boucher les oreilles avec ses deux mains et de crier « Ta gueule ! », quand au fond de son verre vide lui apparut le visage tout rond et tout souriant de sa cousine Lucienne. Elle l'entendit lui dire : « Tu comprends, à notre âge, si on ne profite pas de la vie, quand est-ce qu'on en profitera ? »

Alors, allongeant le bras jusqu'à la bouteille, elle emplit son verre. Lucienne disparut aussitôt, mais les paroles qu'elle avait prononçées restaient incrustées au fond de ses tympans.

Les deux coudes sur la table, le verre dans une main, son menton dans l'autre, elle plongea ses petits yeux gris acier dans ceux de l'Écossais :

— Alors ? Comment on va s'y prendre ?

Pour la première fois, Pierre Poulacre sembla se rendre compte de la présence de Malvina Groubert.

— Peut-être serait-il mieux que nous prenions un taxi et que nous continuions la conversation à l'île de Ré ? suggéra-t-il.

Edward lui donna deux petits coups de genou sous la table. Ce n'était pas un appel amoureux, comme l'aurait souhaité le tendre Pierrot, mais simplement un rappel à la discrétion :

— Pour ma part, je pense que nous sommes aussi bien ici pour avancer dans nos projets. Le notaire nous a vus nous quereller et pourra éventuellement certifier que nous ne sommes pas complices. Il n'est pas souhaitable, je présume, que l'on nous voie ensemble à l'île de Ré boire un pot en toute amitié, n'est-ce pas chère madame ?

— Ça... Ça me paraît évident, bredouilla Malvina Groubert qui n'était pas habituée à ce qu'on la traite aussi souvent de « Chère Madame ».

Elle sentait maintenant les effets conjugués d'une mauvaise nuit et d'une digestion pénible agir sur ses paupières tombantes. D'un mouvement sec, elle redressa dans le fauteuil son mètre cinquante-deux qui avait tendance à s'écrouler pour faire vaillamment face au mètre quatre vingt-quinze de l'Écossais :

— Alors ? répéta-t-elle.

Edward Arthymore enfonça son auriculaire droit dans son oreille gauche avant d'exposer le fruit de ses cogitations :

— Il faut vous dire, chère madame, que j'ai servi un certain nombre d'années dans les services spéciaux de Sa Majesté la Reine d'Angleterre. J'y ai acquis une expérience qui m'a valu d'être honoré de quelques décorations...

« Où est-ce qu'il veut en venir ? se demandait Malvina qui commençait à s'agiter nerveusement sur son siège.

— ... Aussi, avec l'accord de mon bon ami Pierre, j'ai mis sur pied un plan que, avec votre permission, chère madame, je vais vous soumettre.

— Je vous écoute, fit Malvina, le sourcil droit relevé bien haut.

En entendant prononçer son prénom, Pierre Poulacre avait juste hoché légèrement la tête et continuait à regarder le plafond, comme s'il n'était pas intéressé par la conversation.

— Voilà. Il est certain que la mort de ce Ritoux doit paraître naturelle...

Malvina acquiesça en silence.

— Et quoi de plus naturel qu'une chute du haut de la falaise la nuit ? Surtout si on a trop bu.

— Oui, mais ce n'est quand même pas moi qui vais le pousser ! Je ne mesure pas deux mètres, moi ! se rebiffa Malvina.

Edward Arthymore exhiba ses grandes dents en signe d'apaisement :

— Chère petite madame, il n'en est pas question. Mais, permettez-moi, je vous en prie, d'aller jusqu'au bout de mon raisonnement. Il faut que vous sachiez que j'ai pratiqué suffisamment les arts martiaux pour assurer ce petit travail moi-même, sans problème. Lorsqu'il se fracassera les vertèbres sur les éboulis, quelques mètres plus bas, il aura, depuis quelques secondes déjà, passé de vie à trépas, grâce aux méthodes que l'on m'a enseignées *in the British Army*.

— Mais alors ? Pourquoi me dites-vous tout ça, à moi ?

— Parce que — on ne sait jamais — s'il y avait enquête, on ne serait pas sans apprendre les différends qui existaient entre mon ami Pierre et ce Ritoux… Ainsi que les sentiments qui nous unissent tous les deux, Pierrot et moi.

En entendant ces derniers mots, Pierre Poulacre qui, en vérité, ne perdait pas un mot du dialogue, glissa une main moite sous la table et caressa le genou velu de son ami. Un instant perturbé, celui-ci continua :

— Euh !… Sans aucun doute, on ne tarderait pas à nous soupçonner. Et, pour ma part, je dois vous avouer, chère madame, que je n'ai pas du tout envie que la police fouille dans mon passé.

Toujours prête à l'attaque, Malvina rétorqua :

— Et donc, vous voulez que ce soit moi qui porte le chapeau !

— Pas du tout, ma chère petite madame. Mais étant donné que vous êtes, autant que mon ami, intéressée à cette affaire, il est normal que vous y participiez. D'autant plus que votre rôle ne sera que secondaire.

— C'est-à-dire ?

— Oh ! Tout simplement en l'incitant à boire. Ce qui doit être chose facile. Et en vous arrangeant pour le ramener chez lui en état d'ivresse, en longeant la falaise où là, nous l'attendrons.

— Et comment voulez-vous que je m'y prenne pour le ramener chez lui ?

— Mais tout simplement comme s'y prendrait une femme pour ramener un homme dont l'alcool a éveillé les sens. S'il avait été homosexuel, nous nous en serions chargés nous-mêmes, bien qu'il ne soit pas du tout de notre monde. N'est-il pas vrai, Pierrot ?

Pour toute réponse, Pierre Poulacre eut une moue dégoûtée.

De l'autre côté de la table, Malvina Groubert, avec l'air d'un roquet menaçant un doberman, demanda, la bouche tordue par son clope dont la fumée lui piquait les yeux :

— Mais qu'est-ce qui dit que vous ne me laisserez pas tomber quand le coup sera fait ? Que vous m'achèterez bien ma parcelle au prix du terrain constructible ? Et que vous n'irez pas dire aux flics que c'est moi qui l'ai poussé ? Hein ?

Arthymore leva les bras comme pour prendre le ciel à témoin :

— En guise de notre bonne foi, mon ami s'engage à vous donner en liquide, dès après-demain, la moitié de l'argent correspondant à la valeur de votre terrain s'il était constructible, diminuée de son prix réel, c'est-à-dire de sa valeur en friche, au prix d'achat officiel déclaré au notaire…

Pierre Poulacre, à ce moment-là, daigna tourner son regard globuleux vers Malvina et laissa tomber du bout de ses lèvres pendantes :

— Et l'autre moitié, avant d'entrer à l'étude où nous signerons l'acte de vente au prix du terrain en friche. C'est une très bonne affaire pour vous, ajouta Pierre Poulacre, d'un air hautain.

Le front barré d'une ride profonde, Malvina ne répondit pas. Elle n'était pas très douée en calcul et encore moins en affaires et essayait d'assimiler ce qu'on venait de lui dire : « Bon ! après-demain, il me paye la moitié du terrain au prix maxi, moins pas grand-chose et le jour de la signature chez le notaire, il me donne le reste de la moitié maxi plus ce pas grand-chose. »

Les deux hommes, qui l'observaient à la dérobée, virent disparaître la ride profonde de son front et s'allumer une petite lumière dans son regard habituellement éteint. « Ça doit faire un sacré pactole » pensait-elle.

Il s'ensuivit un long moment de silence pendant lequel l'Écossais bourra sa pipe et lui souffla la fumée de son tabac aux relents écœurants. Bien qu'il n'en eût pas le parfum, l'odeur du tabac lui rappela celle de l'huile de foie de morue qu'on lui faisait boire quand elle était gamine. À côté de lui, Pierre Poulacre alluma une cigarette turque parfumée à la menthe. Comme un antidote, Malvina sortit de son sac la dernière gauloise de son paquet. Sa cigarette était toute tordue et bavait son tabac, mais elle lui trouva des senteurs que jamais aucune gauloise ne lui avait données gare du Nord. Après ce que venaient de lui faire miroiter les deux hommes, sa cibiche avait des fragrances de plages tropicales, de vertes prairies alpines, de sommets enneigés, de palaces de luxe, d'Orient-Express...

— Il va sans dire qu'à cette condition vous abandonnez ces prétentions erronées que vous aviez sur la moitié de la parcelle 19, laissa tomber Poulacre apparemment absorbé à suivre les volutes bleues de sa cigarette.

— Logique ! fit distraitement Malvina.

Elle venait d'abandonner son voyage de rêve autour du monde pour se pavaner en robe du soir dans sa vieille demeure. Par le coup de baguette magique de son imagination, les ruines croulantes s'étaient soudainement transformées en une résidence plus luxueuse encore que la résidence secondaire de sa cousine Lucienne.

X

AVEC COMPLAISANCE, Malvina attarda son regard dans le miroir que lui tendait la jeune coiffeuse et fit palpiter ses cils lourds de mascara. Elle avait de la peine à se reconnaître. Il est vrai que pour en arriver à ce constat, les deux techniciennes de « Label de Ré » (le salon de coiffure et de soins esthétiques fréquenté par les coquettes de l'Île) avaient dû s'échiner plusieurs heures. Mais le résultat était là ! Les petites frisettes grisonnantes, collées sur sa tête, avaient disparu pour faire place à une chevelure d'un noir profond, souple et ondulante, aux reflets de nuit. Ses sourcils, qui avaient tendance à rebiquer dans tous les sens, n'étaient plus que deux longs traits fins à la courbe harmonieuse, et les mille petits plis de ses paupières avaient disparu (ou presque) sous les différentes couches de fards de toutes les couleurs. Ses joues elles-mêmes, par nature creuses et ternes, semblaient presque rondes et leurs teintes rosées rappelaient celles de Lucienne, ou, tout au moins, le maquillage de celle-ci.

— Comme ça, je ressemble à ma cousine, se dit Malvina, tout heureuse de cette comparaison alors qu'elle franchissait la porte du salon de beauté après avoir donné un pourboire royal à la jeune employée.

— Madame ! Madame ! Vous oubliez votre petit paquet ! lui cria la petite apprentie qui se précipitait derrière elle en lui tendant une petite trousse emplie de maquillage et de crèmes dont elle venait de faire l'emplette.

— Et votre grand sac ! lui cria une autre.

Un peu étourdie par cette véritable métamorphose, Malvina, tout sourire dehors, prit le sac dans lequel elle avait fourré son tailleur vert pomme qu'elle avait troqué contre un bermuda blanc et un léger pull à rayures bleues et blanches achetés dans la petite rue du Marché. D'une démarche légère, dans ses ballerines assorties au bleu de son pull, elle se dirigea vers la terrasse du café de la Paix.

— Vous désirez ?

Malvina toisa le serveur, pour juger de l'effet de son nouveau look sur les hommes. Mais le jeune stagiaire, aux yeux encore gonflés de sommeil, semblait trop intéressé par le spectacle d'une mouette se pavanant sur le bord du quai pour prendre cas d'une cliente de l'âge de sa mère.

— J'hésite... Un Martini-gin... Un whisky... Ou tout simplement un pineau de l'île...

Habituellement, pour Malvina, c'était l'heure du Pernod. Mais elle pensait que cela ne faisait pas assez chic, trop cantine S.N.C.F. dont elle voulait, pour l'heure, oublier l'image.

— Réflexion faite, donnez-moi plutôt une coupe de champagne. Brut ! précisa-t-elle d'un geste qui mit en évidence ses ongles couleur vermillon.

— Une coupe de champ ! Une ! cria aussitôt le garçon en direction du bar, alors qu'il faisait demi-tour sur un talon pour se diriger vers d'autres clients.

Après avoir commandé une deuxième coupe de champagne, Malvina s'avoua qu'elle n'avait jamais remarqué le charme du port de Saint-Martin, avec ses bateaux de pêche aux coques colorées et ses yachts blancs aux lignes effilées. Saint-Martin, pour elle, était resté associé à un souvenir pénible de son enfance, celui du dentiste de la rue de Sully, et l'interminable retour en autobus dont chaque cahot se répercutait dans sa dentition douloureuse.

Mais depuis la veille, Malvina voyait les choses sous un autre angle. Le présent n'était plus gris, l'avenir n'était plus sombre depuis que Pierre

Poulacre lui avait discrètement remis deux cent mille francs en liquide, premier acompte sur la vente de l'héritage.

— Sans compter les trois mille francs pour mes faux frais, se dit fièrement la nouvelle riche, le coude haut levé pour finir sa coupe.

En effet, si elle avait accepté d'abandonner, sans trop discuter, ses droits sur la moitié de la parcelle 19, en vieille habituée des revendications salariales, elle avait exigé, par contre, que Poulacre lui donne une indemnité pour les dépenses qu'engendraient les projets élaborés en commun.

— Si vous voulez que je séduise Gabriel Ritoux, ça va entraîner des faux frais, avait-elle claironné, la gueule tordue par son mégot et son poing hargneux frappant la table.

En silence, les deux hommes avaient contemplé de haut en bas ce bout de femme au visage entaillé de rides, à la silhouette vieillie prématurément, vêtue comme un épouvantail à moineaux. Leurs deux regards s'étaient alors croisés et avaient confirmé ce que chacun pensait : en la voyant, ils s'estimaient heureux d'être homosexuels. « Même ce vieux garçon de Ritoux risque de faire le dégoûté » s'était dit l'ami d'Edward. C'est pour cette raison qu'ils n'avaient pas rechigné à lui donner ce qu'elle réclamait.

Le soleil commençait à décliner vers l'horizon et étirait les ombres pour souligner de bleu le moindre petit creux de dune, le moindre bouquet de tamaris ou de pins rabougris. Les galets, sur la plage, étaient encore humides de la marée descendante et brillaient comme des pierres rares. Les algues abandonnées sur le sable exhalaient toutes les senteurs arrachées au fond de l'océan. Avec le jour tombant, la forte chaleur s'était nuancée soudain d'une petite brise fraîche qui faisait frissonner les oyats et les rares œillets de dune qui subsistaient encore. Quelques lapins de garenne déjà s'aventuraient hors de leur terrier, l'oreille en alerte et l'œil aux aguets. Dans le ciel sans nuages, des goélands lentement ramaient, cap au large, vers une destination qu'ils étaient seuls à connaître.

Le nez en l'air, Malvina les suivit un instant des yeux. Mais, bien qu'elle semblât s'intéresser aux grands oiseaux, en réalité ses idées étaient beaucoup plus terre à terre. Il ne lui fallait pas oublier qu'elle était investie d'une mission qui devait lui rapporter encore deux cent mille francs.

L'air désinvolte, à la bouche la fleur dorée d'un pavot cornu, cueillant ici une giroflée des dunes, là une fleur de cakilier maritime, qu'elle jetait aussitôt au vent, elle longeait, sans se presser, la falaise bordant son terrain. Les deux pieds sur le bord, elle se pencha prudemment pour regarder, quelques mètres plus bas, les éboulis de rochers, certains arrondis par l'érosion, d'autres aux arêtes encore tranchantes :

— C'est là que… murmura-t-elle.

C'est là, effectivement, que la nuit prochaine, entre minuit et deux heures, Edward Arthymore devait jeter le corps de Gabriel Ritoux après l'avoir occis.

De peur qu'on ne la vît sur le lieu du crime, Malvina ne s'y attarda pas.

Elle s'éloigna bien vite avec des allures de gamine faisant l'école buissonnière. Pourtant, elle n'avait qu'un objectif : la casquette de toile bleue de la future victime qui, un peu plus loin, dépassait au-dessus de la haie d'atriplex. Parfois, elle disparaissait un instant pour resurgir aussitôt, au même endroit.

Les fesses appuyées sur la table et les pieds nus dans le sable piétiné de son terrain, manches retroussées et chemise ouverte, Gabriel Ritoux s'appliquait à tresser un panier d'osier. Le dos tourné à la promeneuse, il chantonnait « La Belle de Cadix », en essayant d'imiter les roucoulades de Luis Mariano. Il n'avait ni vu ni entendu venir la visiteuse.

« *La belle de Cadix est partie au couvent, chica chica chic aye aye aye…* »

« Il a une belle voix », se dit Malvina. Mais sans succomber au charme du chanteur, tout de suite, bien haut, elle ajouta sur un petit ton enjoué :

— Bonjour monsieur !

La belle de Cadix disparut immédiatement. Peut-être au couvent, comme dans la chanson ? Dans le même temps, Gabriel Ritoux tourna la tête en direction de la perturbatrice. Bouche ouverte et les petits yeux écarquillés, le visage poupin de Gabriel exprimait la surprise la plus totale. Sous sa casquette dont il tripota la visière en guise de salut, son visage basané prit les couleurs d'un champ de coquelicots dans lequel se seraient égarés les deux petits bleuets de ses pupilles :

— M'dam !

— Vous êtes sans doute l'heureux propriétaire de ce splendide endroit ? minauda Malvina tout en continuant d'onduler de la croupe.

— Ouais !

Gabriel avait l'air plus intéressé par le panier qu'il tressait que par la visiteuse. Celle-ci lui tendit cependant la main de façon à bien montrer ses ongles écarlates.

— Enchantée, cher monsieur. Moi, je suis votre voisine. La propriétaire de ce terrain-là, précisa-t-elle, la flèche rouge de son ongle peint pointée vers les friches héritées de son grand-père.

— Ah bon !

Apparemment, cette déclaration n'eut pas l'effet d'un scoop sur l'occupant des lieux. Déçue mais non vaincue, Malvina avisa un tronc de pin vermoulu et, sans attendre d'y être invitée, alla s'y asseoir, le regard tourné vers la mer et le soleil qui n'en finissait pas de se coucher.

— Quelle merveilleuse beauté, ce paysage ! Habiteriez-vous là à l'année ?

— Ouais !

Debout, les bras ballants, Gabriel ne savait quelle contenance prendre. De son côté, Malvina, influencée par les manières de sa cousine Lucienne, essayait de jouer les riches vacancières et d'en employer le vocabulaire :

— Quelle chance, cher monsieur. Vous avez vraiment choisi la poésie, s'extasia-t-elle, les mains jointes sur ses genoux croisés et la tête rejetée en arrière.

La bouille ronde de Gabriel une fois encore exprima l'étonnement. Il n'avait rien choisi, lui. S'il était là, c'est parce que Poulacre l'avait fichu à la porte de la minoterie. Tout simplement. Ne trouvant rien à répondre, il se référa à la tradition rétaise :

— Je vous offre un verre de pineau ?

Malvina minauda :

— Je ne sais s'il est convenable d'accepter. Je ne me suis même pas présentée. Je m'appelle Malvina Groubert. Et vous ?

Mais déjà Gabriel se dirigeait vers l'ancien nid de mitrailleuse qui lui servait de cave :

— Moi ? Gabriel Ritoux, lança-t-il sans se retourner.

Malvina le suivit des yeux, observant sa courte silhouette massive qui s'éloignait en se dandinant légèrement. Lorsque son regard gris se posa entre la casquette de toile et le col de sa chemise, plus précisément sur la nuque épaisse roussie par le soleil, il eut des reflets froids d'arme blanche.

— C'est là que cette nuit, l'Écossais va frapper. Brisure des cervicales, murmura-t-elle entre ses dents serrées.

Elle tourna alors la tête vers le soleil dont le bord inférieur frôlait l'horizon. Ses yeux avaient perdu toute leur froideur. Ils étaient éclairés d'une étrange lumière. Non, elle ne venait pas des dernières lueurs du jour. L'origine de cette source lumineuse surgissait du profond d'elle-même, alimentée par un rêve fou qu'enfin elle allait concrétiser : « Deux cent mille plus deux cent mille, quatre cent mille francs » ne cessait-elle de se répéter. Elle qui avait bossé toute sa vie et n'avait jamais eu assez d'argent pour finir les fins de mois, il ne lui en fallait pas tant pour lui faire perdre raison.

Lorsque Gabriel revint, toujours en se dandinant, un sourire un peu niais entre ses joues couleur lie-de-vin, Malvina fut assaillie par quelques scrupules. Quatre cent mille francs pour une vie, n'était-ce pas pactiser avec le diable ? Ses lèvres peintes en rouge vif répondirent à sa question par une moue dubitative : elle ne croyait ni en Dieu ni au diable. Elle voulait croire uniquement aux paroles de sa cousine : « Tu comprends, à notre âge si on n'en profite pas, quand est-ce qu'on en profitera ? »

Lorsque Gabriel se pencha pour poser, devant elle, les verres à même le sable, il exhiba à nouveau sa nuque de taureau. Elle put y observer les losanges que dessinaient les petites rides qui s'entrecroisaient et quelques maigres mèches de cheveux rebelles couleur queue de vache. « C'est là que le pédé va cogner. » Il lui revint alors la phrase de Pierre Poulacre : « Sa mort sera le premier acte utile de sa vie. »

— À votre santé ! lança-t-elle hypocritement en faisant tinter son verre contre celui que tendait Gabriel Ritoux.

Gabriel n'était pas habitué à recevoir de la visite sur son terrain. Parfois il arrivait qu'un vieux du village s'arrêtât pour blaguer un moment et se reposer de sa marche sur la grève à la recherche d'un morceau d'épave. Le bonhomme savait bien que Gabriel ne manquerait pas de sortir sa bouteille de vin. Pendant qu'il reposait ses vieux os et sirotait le rouge du pays, immanquablement il racontait « sa » guerre. « Pas la dernière, celle où on se tuait sans se voir, mais l'autre, la vraie, celle où on s'étripait à la baïonnette en se regardant droit dans les yeux. » Gabriel n'avait alors qu'à acquiescer jusqu'à ce qu'à son tour, il puisse raconter sa dernière pêche. Et, quand la bouteille de vin était vide, le petit vieux repartait en essuyant ses moustaches.

Mais là, avec cette femme, maquillée comme une Parisienne, de quoi allaient-ils pouvoir converser ? Elle n'allait sûrement pas lui parler de « sa » guerre, comme le faisait le petit vieux, et elle ne s'intéresserait sans doute pas non plus à sa pêche.

À la dérobée, il la regarda. Elle était toujours assise sur le tronc de pin et semblait l'avoir oublié. Ses yeux, tournés vers le large, brillaient toujours d'une lumière bizarre et donnaient l'impression qu'elle riait dans son for intérieur. En l'observant un peu mieux, Gabriel crut même deviner comme un sourire figé sur son visage fardé. « Qu'est-ce qui peut bien la faire rigoler ? » se demanda-t-il. À son tour, il regarda vers le large pour tenter de deviner ce qui pouvait bien l'intéresser à ce point. Mais il ne vit rien. Pas le moindre navire ; pas le moindre pêcheur ; pas le moindre baigneur. Même pas un petit gravelot courant sur le sable ! Il n'y avait que l'océan immobile qui déjà commençait à prendre ses couleurs de nuit. En son milieu, le soleil, qui venait de disparaître, laissait traîner, depuis l'horizon, une grande tache argentée qui miroitait, dans la lumière crépusculaire, jusqu'à la grève.

Histoire de rompre le silence meublé uniquement par le chuintement mouillé d'une houle molle que la marée descendante éloignait lentement du rivage, il bougonna :

— Ces gros nuages qui montent, c'est sûrement de l'orage pour cette nuit.

Cette remarque pleine de bon sens n'eut aucun effet sur Malvina. Ne trouvant rien d'autre à dire, Gabriel se crut obliger de servir une nouvelle tournée de pineau.

Les yeux toujours tournés dans la même direction, elle vida d'un trait son verre :

— Là-bas, c'est bien le Banc des Revenants qui émerge ? articula-t-elle d'une voix sourde.

Gabriel sursauta et regarda dans la direction que Malvina lui désignait. Effectivement, dans la nappe ruisselante de lumière, à fleur d'eau descendante, le Banc des Revenants pointait son long doigt de sable vers le large.

— Euh !... Oui... Vous connaissez ? bredouilla Gabriel, sidéré que cette étrangère puisse connaître son lieu de pêche.

Malvina ne répondit pas. Elle n'avait pas entendu la question.

Curieux d'en savoir davantage, Gabriel dévisagea franchement cette étrange femme qui lui parlait du Banc des Revenants. Mais l'obscurité qui doucement envahissait la terre l'empêcha de deviner sur ses traits les paroles qu'elle semblait ne pas vouloir prononcer.

— Vous connaissez le Banc des Revenants ? demanda à nouveau Gabriel.

— Oui. J'y suis allée plusieurs fois, quand j'étais gamine. Avec le Grand Bébert.

— Avec le Grand Bébert !

Sous le coup d'une telle révélation, Gabriel faillit renverser son verre. Il préféra donc le finir cul sec et laissa tomber son gros popotin sur le tronc d'arbre à côté du fessier maigrichon de Malvina.

Depuis longtemps les étoiles avaient envahi les rares espaces non occupés dans le ciel par les gros nuages noirs montant de plus en plus nombreux de l'ouest. Devant Malvina et Gabriel, toujours assis sur leur tronc d'arbre, la mer, complice de la nuit avait épousé celle-ci en effaçant l'horizon. Seules, de temps en temps, mais de plus en plus fréquemment, de furtives luminescences, accompagnées de grondements sourds, mettaient en évidence l'écume phosphorescente des vagues et le paysage dunaire autour d'eux. Mais Malvina et Gabriel n'en prenaient pas cas. Ils avaient trop de choses à se raconter.

Bien qu'elle fût partie à l'époque où Gabriel découvrait l'île de Ré, ils s'étaient trouvés un grand nombre de connaissances communes. Ils parlèrent beaucoup du Grand Bébert, mais Malvina préféra passer sous silence ses prétentions à la parcelle 19 sur laquelle ils étaient, pour l'heure, tous les deux installés à bavarder. Après avoir évoqué les pêches de leur enfance et l'époque où les enfants jouaient aux billes dans la rue, Malvina en était à énumérer les spécialités de la gastronomie locale. Elle, qui depuis des années, ne mangeait que du congelé acheté au supermarché du coin, il lui revenait soudain, bien précis, les odeurs et les saveurs des plats que préparait sa grand-mère au retour des champs :

— La matelote d'anguilles pêchées dans les marais salants..., la chaudrée au vin rouge... Et la seiche, dans les « écluses », grillée sur les sarments... Et les couteaux farcis ! Moi, je les pêche au sel. Ils sont bien meilleurs que pêchés au *fargeon*[1], car ils n'ont pas de sable...

Ses souvenirs étaient tellement vivaces qu'elle en parlait au présent.

— ... Et les petites patates nouvelles du jardin... Et les escargots de vigne sur les braises...

Malvina n'en finissait pas d'étaler devant elle, sur la nappe de la nuit, tous les plats de cette cuisine familiale rétaise qui, après bien des années d'oubli, reprenaient vie sous ses papilles et la faisaient saliver.

— Avec beaucoup de beurre, les escargots ; comme les palourdes, précisa Gabriel.

---

1. Patois rétais désignant une sorte de flèche de fer avec laquelle on transperce le couteau (mollusque bivalve appelé aussi solen) afin de le sortir du sable dans lequel il est enfoui verticalement.

— Oui, et avec de l'ail et du persil hachés menu, ajouta Malvina.

— Arrêtez ! Ça me donne une faim de loup.

Malvina se ressaisit. Abandonnant son festin imaginaire, elle sauta sur l'occasion pour ânonner :

— Alors, si on allait manger sur la place ? J'espère qu'on nous servira encore, malgré l'heure tardive.

— D'accord, mais avant il faut finir la bouteille.

Gabriel parlait de la deuxième bouteille de pineau, la première étant asséchée depuis longtemps.

Ils arrivèrent au café de la Place comme les premières gouttes de pluie commençaient à tomber, larges et bruyantes sur les feuilles des tilleuls.

Les habitués du café avaient senti l'orage venir, aussi n'y avait-il plus grand-monde dans la salle. Malvina n'eut aucune peine à remarquer, en franchissant la porte, le kilt d'Edward Arthymore assis au bar en compagnie de Pierre Poulacre. Elle comprit qu'ils l'attendaient. C'est à peine si l'Écossais leva un sourcil interrogateur en tournant la tête dans la direction du couple qui venait de rentrer. Le geste était des plus discrets, mais Malvina le remarqua. Tout aussi discrètement, elle hocha la tête d'une façon affirmative. Ce simple geste dut satisfaire l'ancien de la British Army, car il se tourna vers son ami qui somnolait à moitié devant son verre de whisky vide. Il lui dit :

— Allons vite à la voiture, avant le déluge.

Ils devaient juste avoir atteint leur véhicule stationné sur la place qu'il y eut un coup de tonnerre énorme, précédé d'un éclair éblouissant qui déchira la nuit. Aussitôt la pluie se mit à tomber à verse.

Alors que la serveuse posait sur la table un ragoût de mulet flottant dans une sauce au vin et que Gabriel emplissait les verres d'un petit blanc du pays, Malvina jeta un œil à la pendule derrière le bar : « Dix heures moins dix, j'ai encore plus de deux bonnes heures devant moi » se dit-elle.

Ils avaient vidé deux bouteilles et en étaient à leur deuxième cognac quand, Gabriel, l'élocution plutôt pâteuse, remarqua sur un ton des plus sentencieux :

— Il pleut toujours aussi fort. J'aurais dû prendre mon ciré et mes cuissardes pour revenir chez moi.

Malvina fit un effort pour ajuster son regard sur son vis-à-vis. L'alcool la faisait loucher et elle avait l'impression que Gabriel dansait dans le brouillard :

— J'ai une idée, parvint-elle à dire. En attendant qu'il arrête de pleuvoir, courons jusque chez moi. J'ai retrouvé une bouteille de gnôle qui vient de mon grand-père. J'habite à deux pas d'ici, dans la petite ruelle de l'autre côté de la place.

Bien qu'elle fût dans un état éthylique assez avancé, elle gardait suffisamment de présence d'esprit pour penser qu'il valait mieux qu'on ne la voit pas repartir avec Gabriel en direction du lieu où elle devait le conduire au rendez-vous fatal. Elle ajouta donc, de façon que le patron du café l'entende :

— Cette pluie ne va pas durer. Dans un quart d'heure, je vous mets à la porte, et dans une demi-heure, vous serez dans votre lit et moi dans le mien.

Un rayon de soleil s'insinuant à travers les volets disjoints enjamba la cuvette émaillée placée sous la gouttière tombant du plafond. Les pluies torrentielles de la nuit l'avaient fait déborder jusque sous le lit dans lequel Malvina dormait d'un sommeil agité. Après avoir glissé sur la flaque qui épousait les rainures du vieux plancher, le filet de lumière escalada sournoisement la couche de la dormeuse et vint se plaquer sur son visage. D'un bond, Malvina se retrouva assise droite sur son matelas sans drap, les jambes emprisonnées dans les vieilles couvertures humides récupérées dans l'amoire. Les ressorts du lit en gémirent et Malvina aussi. Encore à mi-chemin entre le cauchemar et l'éveil, elle crut qu'elle venait d'être tabassée par les C.R.S. tant sa tête lui faisait mal.

Elle gigota des jambes pour se dépêtrer des couvertures qui lui donnaient l'impression désagréable d'être ligotée et, frottant du poing sa mise en plis défaite pour essayer de retrouver ses idées, elle sauta du lit, les deux pieds joints dans la flaque :

— Putain de merde !

Mais ce contact imprévu avec l'élément liquide, s'il la fit jurer, lui permit de se poser immédiatement une question cruciale concernant la situation :

— Bon Dieu ! Et Ritoux ?

En petit slip et en petit soutien-gorge qui ne soutenait pas grand-chose et pataugeant dans l'eau, elle descendit quatre à quatre l'escalier. Non, Gabriel Ritoux n'était pas là. Ni dans la cuisine, ni dans la cour.

— Donc, c'est qu'il est reparti tout seul. Mais quand ? Et les pédés qui devaient nous attendre ! Qu'est-ce qu'ils vont me passer quand on va se revoir ! Ils vont sûrement me réclamer le fric qu'ils m'ont refilé.

Tout en continuant à se tenir conversation, elle alla au puits et se fit une grande toilette à l'eau froide avant de fouiller dans le sac qu'elle avait acheté la veille pour y mettre toutes ses emplettes. C'est en sortant un petit short jaune canari et un polo à rayures (Malvina avait un faible pour les rayures en large qui grossissaient avantageusement sa poitrine, pensait-elle) que soudain une idée assaillit son esprit : « Mais est-ce qu'on a fait l'amour, cette nuit, avec Gabriel ? »

En se regardant dans la glace piquée de la porte d'armoire elle trouva une réponse qui lui parut sensée : « On avait bu, d'accord, mais je vois pas pourquoi j'aurais eu envie de faire l'amour, avec lui. Et lui n'avait pas l'air plus tourmenté que moi par les choses du sexe. »

Après avoir utilisé toute la palette de ses produits de beauté, Malvina se contempla d'un peu plus près. Malgré tous ses efforts, elle était loin de ressembler à un mannequin de chez Saint Laurent, mais elle avait au moins réussi à dissimuler en partie les traits fatigués de son visage. Satisfaite et cigarette au bec, elle se dirigea vers le café de la Place pour y prendre un petit déjeuner en terrasse. Edward Arthymore et Pierre Poulacre y étaient déjà installés ; le premier devant un sandwich et une bière, l'autre devant un thé et deux biscottes beurre-confiture.

Ils la virent arriver et de loin elle eut la nette impression qu'ils la regardaient venir d'un œil mauvais. Mais, quand elle s'assit à la table la plus proche d'eux, elle avait eu le temps d'affûter ses armes pour se défendre ; et lorsque le serveur fut parti après lui avoir servi café et baguette beurrée, c'est elle qui passa directement à l'attaque. La bouche pleine, elle bluffa carrément :

— Vous n'êtes pas venus, hier.

Pour toute réponse, Pierre Poulacre se camoufla derrière sa tasse. Edward Arthymore, lui, prit le temps d'avaler la bouchée qui obstruait ses cordes vocales et porta soudain un grand intérêt à la couleur de sa bière. Finalement il dit d'une voix basse :

— Navrés, chère petite madame, mais mon ami a une frayeur maladive de l'orage. Je ne pouvais ni l'emmener avec moi, ni le laisser seul ; et vous n'avez pas le téléphone, je ne pouvais donc pas vous prévenir.

Malvina ne s'attendait pas du tout à cette réponse. Elle faillit en renverser sa tasse. « Les vaches ! Heureusement que je n'y suis pas allée » se dit-elle. Elle décida donc de profiter de cet avantage pour continuer :

— Moi, je suis restée jusqu'à trois heures du matin sur les bords de la falaise à jouer les amoureuses romantiques sous la flotte, pour retenir Ritoux, pendant que vous, vous étiez confortablement installés au chaud sous les draps. C'est dégueulasse.

— Vraiment, madame, croyez bien que nous sommes navrés. Et, si vous êtes d'accord, nous remettons la chose à demain soir, même heure.

— Qu'est-ce qui me dit que vous y serez, demain soir ? Qu'il n'y aura pas encore un orage qui fera peur à votre copain ? Votre petit ami a peut-être aussi la phobie des vents d'ouest, des clairs de lune, des oiseaux de nuit… Pourquoi pas des bigorneaux ? Autant de raisons pour me faire poireauter. J'ai l'impression que vous êtes en train de me préparer une entourloupe. Qu'est-ce qui me dit que vous me donnerez l'argent que vous me devez encore ?

— Mais madame ! Vous avez ma parole, et celle de mon ami, déclara Arthymore en redressant, indigné, son imposante stature.

— Foutaise ! Vous me l'aviez déjà donnée, votre parole. Je ne peux plus vous faire confiance. J'exige donc que vous m'apportiez dès aujourd'hui la totalité de la somme prévue avant d'entrer chez le notaire. Et le reste, comme convenu, à la signature.

Il suivit un silence pendant lequel Malvina se demanda, inquiète, si elle n'avait pas poussé le bouchon un peu trop loin.

Edward Arthymore, la tête renversée en arrière, le bock de bière suspendu à mi-chemin entre la table et sa bouche, paraissait très intéressé par les évolutions de deux moineaux sur une branche de tilleul juste au-dessus de la brosse bien taillée de sa chevelure rousse.

Pierre Poulacre, le menton sur la poitrine, tournait avec application sa cuillère dans sa tasse, trois tours à droite, trois tours à gauche. Enfin, il l'immobilisa et ses lèvres molles et luisantes de beurre s'entrouvrirent. Elles murmurèrent :

— D'accord ! Donnez-moi simplement le temps d'aller à ma banque.

D'un geste de la main, l'Écossais épousseta les mies de pain tombées sur son kilt et modula la décision de son ami :

— Disons, plutôt seize heures. C'est cela, seize heures ici.

— Non ! Quinze heures et pas une minute de plus. Sinon…

Le petit œil de Malvina se posa sur le visage rougeaud d'Edward Arthymore, avec la dureté d'un rayon laser capable de désagréger un blockhaus. Malgré son calme très britannique, l'ancien para en fut ébranlé. Il cacha son trouble en se grattant le dos du nez. Enfin, il répondit d'un petit air détaché :

— D'accord, chère madame, quinze heures.

XI

L'ATTENTE PARUT LONGUE à Malvina. Pour meubler le temps, elle se rendit d'abord dans sa maison avec l'intention d'y faire des projets.

Debout, au milieu de la cuisine sombre, face à l'étroite fenêtre où pendait un épais rideau de toiles d'araignées, Malvina soliloquait :

— Là, j'ouvre une grande baie donnant sur la cour… là, autour de la cheminée, je fais le coin salon…

Influencée par le confort de chez Lucienne, elle ajouta :

— Et là, le bar…

Mais, en vérité, elle n'avait pas tellement le cœur à élaborer des plans. C'était encore trop tôt.

Peut-être à cause d'une vieille superstition dont elle n'était pas forcément très consciente, elle préférait attendre que « l'affaire » soit terminée pour projeter dans l'avenir. On ne sait jamais ! L'inquiétude qui, avec les heures, la gagnait lui faisait envisager toutes sortes d'hypothèses négatives : « Je n'ai vraiment pas confiance en ce mollasson de Poulacre… Et si les deux homos changeaient d'idée au dernier moment… Et si je n'arrivais pas à amener ce Gabriel jusqu'au bord de la falaise… Et s'il se rebiffait et courait dévoiler le pot aux roses aux flics ? »

Malgré ses pensées amères, elle s'apprêtait à monter l'escalier pour poursuivre ses études de modifications d'habitation, quand lui revint le souvenir de la semaine passée en taule pour avoir lancé un cocktail Molotov sur un car de C.R.S. L'idée qu'elle pourrait croupir des années en prison pour complicité de meurtre lui fit froid dans le dos.

Plutôt que d'aller respirer l'air fétide de la chambre qui n'était pas sans rappeler celui d'une cellule, elle préféra sortir bien vite.

Dehors, le soleil qui approchait du zénith avait presque effacé les ombres. La ruelle était comme écrasée par sa lumière crue. Seules, des hirondelles voltigeaient, à toute allure, frôlant les flaques d'eau générées par l'orage de la nuit précédente, avant de monter en flèche jusqu'au coyau du toit, où elles avaient construit leur nid. Tout près du puits, dormait un chat blanc aux oreilles noires, allongé de tout son long sur une touffe d'herbe jaunie. Juste au-dessus de lui, sur le bord de la margelle, un moineau l'observait en se demandant s'il pouvait lui faire confiance et s'aventurer à chercher la mie de pain à deux pas des griffes du minet.

La chaleur fit du bien à Malvina. Elle souffla un grand coup et alluma une gauloise. Immobile sur le seuil de sa porte, elle regarda monter la fumée de sa cigarette. Lentement elle se dirigea vers les volets clos de la maison de sa cousine Lucienne. Ses petits yeux gris s'allumèrent d'une petite flamme que ses idées pessimistes de tout à l'heure avaient éteinte. C'en était fini de ce bref moment d'abattement :

— Moi, aussi, Lucienne, je l'aurai, ma belle baraque, marmonna-t-elle entre ses dents.

Les batteries brusquement rechargées, tête haute, redressant sa petite taille, elle se dirigea vers la place.

Ce n'était pas encore la saison touristique et le village respirait le calme. Une vieille femme, toute pliée en deux, revenait pieds nus des champs, le visage protégé du soleil par sa « *kissnot* ». Elle poussait devant elle un vieux landau d'enfant empli d'herbe pour ses lapins au sommet duquel elle avait posé ses sabots de bois. En face d'elle, appuyé sur une canne, arrivait un bonhomme de sa génération, la face rougeaude et transpirant sous son béret.

Quand elle le vit, elle abandonna le véhicule qui lui servait à la fois de brouette et de déambulatoire pour aller s'asseoir sur un banc, à l'ombre d'un tilleul :

— *O fait chaud ani' si o continue, les parisiens vont grâler, c't'été. L's'ront heurus*[1].

Il n'en fallait pas tant pour que le vieux rétais posât à son tour ses fesses sur le banc. Avant de prononcer le moindre mot, il sortit un grand mouchoir de sa poche pour s'essuyer le visage.

Curieuse, la paysanne lui demanda :

— *D'où c'est-y qu'te vin'ye ?*[2]

Le vieil homme montra le panier en fer grillagé qu'il venait de poser devant lui :

— *I viens d'pêcher une pougnée d'huitras. L'sont à pien têye*[3].

Malvina ne put retenir un sourire. « Après tout, l'île n'a pas tellement changé » se dit-elle, heureuse de comprendre encore ce patois qu'elle devait

---

1. Il fait chaud aujourd'hui. Si cela continue, les Parisiens vont bronzer cet été. Ils seront heureux. (Patois rétais) Remarque : on appelait alors « Parisiens » tous les vacanciers d'une façon générale.

2. D'où viens-tu ?

3. Je viens de pêcher une poignée de petites huîtres. Elles sont à pleines coquilles (sous-entendu : « Elles sont laiteuses. » C'est ainsi que les Rétais les aiment généralement).

s'appliquer à ne pas parler quand elle était sur les bancs de l'école communale.

Certes, maintenant, il n'y avait plus d'ânes dans le village et plus qu'un seul cheval. Les Rétais s'étaient débarrassés de leurs fidèles serviteurs à quatre pattes pour acheter des tracteurs enjambeurs qui labouraient les vignes bien plus rapidement et qui ne mangeaient pas de foin. Le maréchal-ferrant, qui avait connu les deux guerres, avait dû fermer boutique et on n'entendait plus tinter son marteau sur l'enclume. Par contre, le garagiste s'était agrandi et les tracteurs en attente de réparation emplissaient son parking.

Mais l'heure n'était pas à la nostalgie pour Malvina. De crainte d'être apostrophée par la paysanne et de subir le feu roulant de ses questions, elle se dirigea bien vite vers la mer, histoire de passer le temps. Face au large, face à sa beauté qu'elle ne voyait pas, le temps lui parut bien long. Malgré la sérénité de l'océan, le crissement, sous ses pieds nus, du varech séché abandonné à la laisse de mer, malgré les odeurs d'algues, les relents de vase chaude, l'eau tiède des flaques, les mouettes repues, immobiles sur le sable doré, malgré les cris effarouchés des huîtriers-pies au bec rouge volant en groupe au ras de l'estran, et de quelques discrets chevaliers-gambettes aux fines pattes écarlates, Malvina n'avait qu'une idée en tête : « Est-ce qu'ils seront bien là, à trois heures avec le fric, ces deux pédés ? »

Treize heures n'avaient pas encore sonné à la pendule de l'école lorsqu'elle vint s'installer, l'estomac dans les talons, à l'une des rares tables encore libres de la terrasse du café de la Place. Toutes les autres étaient prises par les passagers d'un car de joyeux lurons du troisième âge venus visiter l'île. Ils étaient tous bien trop occupés par le contenu de leur assiette pour s'intéreser à Malvina.

« Encore deux heures à attendre ! » soupira-t-elle.

Il y avait un bon quart d'heure qu'elle était assise quand le serveur vint s'enquérir, le menu à la main, de ce qu'elle désirait. Malvina n'avait pas l'esprit à savourer de fines agapes. Elle avait faim. C'est tout. Elle se contenta donc de montrer du bout de son menton pointu, la table à côté d'elle :

— Même chose.

Le garçon repartait déjà quand elle le rappela :

— En attendant, apportez-moi un Pernod.

Envahie par une anxiété grandissante, elle ne pensa même pas à se commander une coupe de champagne comme elle l'avait fait la veille, grisée par les deux cent mille francs qu'elle venait de recevoir. Aujourd'hui, son état mental était totalement différent. Elle avait peur. Elle avait peur de la complicité de meurtre dans laquelle elle s'était laissé entraîner. Peur de la faiblesse de Pierre Poulacre. Peur d'Edward Arthymore et de sa détermination froide d'ancien commando. Peur de la réaction inattendue de Gabriel Ritoux… Et peur aussi de ne pas toucher l'argent !

En attendant son Pernod qui n'arrivait pas, elle fumait nerveusement gauloise sur gauloise. Quand enfin il vint, elle le savoura à petites gorgées, les yeux fermés avec l'espoir de retrouver à la fois un peu de calme et de tonus dans la saveur anisée de l'apéritif.

Lorsqu'elle en fut au fromage et qu'elle eut vidé sa carafe de vin rouge, ses scrupules et ses inquiétudes s'étaient estompés. Les yeux perdus dans le vague, elle revoyait la face ronde de Lucienne et l'entendait lui dire : « Tu sais, à notre âge, si on ne prend pas du bon temps, quand est-ce qu'on en prendra ? »

À côté d'elle, les « troisièmes âges » en étaient à chanter « *et glou et glou, il est des nô-ôtreu, il se saoule la gueule comme les au-autreu* », quand Arthymore et Poulacre vinrent s'asseoir à la table proche de la sienne. Personne n'avait pris cas d'eux. Par contre Malvina avait tout de suite remarqué la sacoche en cuir que Pierre Poulacre tenait serrée sous son bras. Elle regarda ostensiblement sa montre :

— Trois heures moins dix. Correct, fit-elle sèchement.

Pierre Poulacre ne se donna pas la peine de répondre. Pendant que son ami commandait deux thés, il se penchait sous la table pour extraire de la serviette un sac Super U dans lequel on devinait une grosse enveloppe. Il tendit discrètement le tout à Malvina.

— J'espère que le compte y est ; parce que, sinon…

L'ancien directeur de minoterie ne répondit pas à la menace, mais Edward Arthymore tourna lentement vers Malvina sa face rouge constellée de taches de son. Une lumière froide éclaira son regard. Il lui décrocha malgré tout son grand sourire aux dents jaunes et lui dit presque tendrement à l'oreille :

— J'espère que vous serez la nuit prochaine sur le bord de la falaise avec Ritoux, parce que sinon…

Il n'en dit pas davantage mais du tranchant de la main il tapa sur le bord de la table à en faire trembler les petites cuillères dans leurs soucoupes. Malvina ne rétorqua pas, mais sous sa mise en plis, elle crut entendre craquer ses vertèbres cervicales. Sans attendre, elle prit le sac et se dirigea vers la ruelle au fond de laquelle se trouvait sa maison familiale. Cinq minutes plus tard, Arthymore et Poulacre rejoignaient leur voiture.

Trois fois Malvina compta et recompta l'argent de l'enveloppe. Elle était enfin sûre que le compte y était quand on frappa à la porte. Affolée, tout de suite elle revit le geste tranchant de l'Écossais. Instinctivement, elle se frotta la nuque :

— Il vient me faire la peau et reprendre son fric, maugréa-t-elle, paniquée.

Vite, elle courut dissimuler, tant bien que mal, le sac plastique et son précieux contenu, dans la cour, sous le tas de feuilles en décomposition du vieux figuier, et cria :

— Voila, j'arrive.

Les jambes molles et la trouille au ventre, elle alla ouvrir la porte. Aussitôt, elle poussa un « ouf » de soulagement. Gabriel Ritoux était en face d'elle. L'air gauche, se balançant d'une jambe sur l'autre, bras pendants, il faisait penser à un pingouin. Un sourire benoît mais combien rassurant retroussait ses joues couperosées et cachait presque ses petis yeux sous ses sourcils en broussaille. Pas très à l'aise, il bégaya :

— J'm'excuse… Mais comme je passais par là, je voulais juste vous dire que je vais aller poser des palangres derrière le Banc des Revenants, la nuit prochaine…

Malvina sursauta :

— Oh ! non. Pas la nuit prochaine.

Elle pensait à l'ultimatum posé par Arthymore et revoyait le geste tranchant de sa main.

— Si. Cette nuit la basse mer est vers une heure du matin. Si vous voulez venir, je passe vous prendre avec ma Mobylette à dix heures ce soir.

Malvina souffla bien fort et prit grand plaisir à masser sa nuque qui venait d'échapper au coup du lapin :

— Ah ! Ce soir… J'avais cru comprendre qu'il s'agissait de demain. Ce soir, avec grand plaisir. Il y a tellement longtemps que je ne suis pas allée sur le Banc des Revenants… Peut-être quarante ans !

Satisfait de la réponse, Gabriel s'enhardit à proposer :

— Vous venez boire un pot au bistrot à côté ? Je vous invite.

Malvina eut envie de dire oui, mais se rétracta aussitôt. Il était préférable qu'on ne les voie pas trop tous les deux ensemble, et avant tout, elle devait mettre son magot en sécurité :

— Non, merci. J'ai vraiment trop de travail à faire dans cette maison, trouva-t-elle à dire comme prétexte.

Bien qu'un peu déçu, Gabriel Ritoux n'insista pas :

— À ce soir, dix heures ! lança-t-il, alors qu'il s'éloignait sur sa Mobylette.

À peine eut-il disparu à l'extrémité de la ruelle, que Malvina refermait la porte derrière elle. Abandonnant tout espoir de la fermer à clé car la serrure s'était mise en grève illimitée depuis qu'elle avait voulu la faire fonctionner plusieurs fois par jour, elle la cala à l'aide d'un manche à balai. Puis, après avoir récupéré l'argent sous le figuier, elle se dirigea bien vite vers l'âtre de la cheminée et y disparut jusqu'à la taille. C'est là, au niveau du linteau, dans le conduit couvert de suie, que son grand-père — à moins que ce ne soit son arrière-grand-père ou l'autre encore avant — avait creusé la pierre pour y cacher les maigres économies familiales. Depuis qu'elle était livrée à elle-même, la cheminée comme tout le reste de la maison avait bien vieilli et son linteau en tuffeau — peut-être affaibli par le trou creusé par l'aïeul — s'était fendu en son milieu et s'incurvait vers le foyer, sans pour cela paraître prêt à s'effondrer.

À tâtons, Mavina retira la brique qui bouchait la petite excavation, palpa avec satisfaction les deux cent mille francs qu'elle avait déjà déposés là, dans une boîte, avant d'y ranger avec application l'argent qu'on venait de lui remettre. Avec toujours autant de soin, elle remit la brique, vérifia qu'elle était bien en place avant de ressortir de la cheminée, le visage et les mains noirs de suie.

Après avoir laissé Malvina Groubert, Pierre Poulacre et son ami entrèrent à l'hôtel avec l'intention de profiter sans attendre des bienfaits de la piscine et du jacuzzi.

Sans se donner la peine de la regarder, Pierre Poulacre tendit une main désabusée vers la jolie réceptionniste :

— J'ai également cette lettre pour vous, précisa celle-ci en lui remettant à la fois la clé de sa chambre qu'il attendait et une enveloppe portant l'en-tête de l'auberge de la Marée.

Pierre Poulacre se laissa tomber tout habillé sur le lit et s'empressa d'ouvrir son courrier.

Il n'y avait que quelques lignes sur une feuille de bloc-notes. Elles avaient dû être griffonnées rapidement sur le coin du bar, car le bas de la page était maculé de café. Poulacre lut à haute voix à l'intention de son ami pour lequel il ne voulait avoir aucun secret :

« Cher Monsieur, Je suis actuellement à l'île de Ré pour des raisons professionnelles. Je suis descendu à l'auberge de la Marée où j'ai appris que vous étiez également. Je serais ravi si nous pouvions nous rencontrer demain à onze heures à l'auberge même pour traiter d'une affaire vous concernant. »

— C'est signé maître Dumoutier, le notaire de mon père, nota Pierre Poulacre dont les yeux globuleux exprimaient l'étonnement.

Pendant ce temps, Gabriel Ritoux rangeait précautionneusement sa Mobylette à l'ombre de sa cabane. Tout en sifflant « Rossignol de mes amours » (il connaissait par cœur presque tout le répertoire de Luis Mariano), il enleva sa chemise et son pantalon qu'il lança sur une branche, et fit voler sa casquette et ses sandales vers la haie d'atriplex, si bien qu'il était en petit caleçon quand il arriva au puits. Il avait décidé d'être propre et de sentir bon quand ce soir il irait chercher Malvina.

Après avoir attendu que l'eau tiédisse au soleil, il rêvassait depuis un quart d'heure, les mains croisées sur son ventre proéminent, nu dans la grande barrique coupée en deux qui lui servait de baignoire et commençait même à s'endormir, quand il crut entendre une voix à peine perceptible qui l'appelait :

— Vous êtes là, mon petit Gabriel ?

Gabriel se redressa, les fesses toujours dans l'eau :

— Ma parole ! J'entends des voix. Je n'ai pourtant pas bu ? s'inquiéta-t-il.

— Vous êtes là, mon petit Gaby ?

Cette fois, sans sortir de sa barrique, Gabriel se mit sur son séant et regarda de tous les côtés. Derrière lui, à quelques mètres, se tenait une petite forme grise, au visage tout chiffonné mais souriant :

— Ma... Ma... Mademoiselle Camille ! bégaya Gabriel tandis qu'il bondissait hors de l'eau à la recherche de son caleçon.

Il courut un moment en tous sens, les fesses à l'air, avant de le retrouver, flottant comme un étendard sur une branche de tamaris.

Rouge de confusion, il demanda :

— Mais, comment se fait-il que vous soyez là ?

L'ancienne secrétaire de la minoterie esquiva la question pour dire :

— Vous savez, mon petit Gaby, vous n'êtes pas facile à trouver. Heureusement que le garde champêtre a bien voulu me conduire jusqu'à vous.

C'est à ce moment-là que Gabriel remarqua la 4L du garde municipal dans le chemin limitrophe. Le capot de la voiture était relevé et le garde avait la tête dans le moteur.

— Ça me fait drôlement plaisir de vous voir, mais pour une surprise, c'est une surprise ! avoua Gabriel.

Mademoiselle Camille plissa son petit museau tout ridé :

— Mais moi aussi, je suis heureuse de vous voir, mon petit Gabriel.

Tout en parlant, elle regardait distraitement le corps grassouillet de Gabriel dont seul les avant-bras, le visage et le cou portaient les stigmates du soleil. Tout le reste était d'une blancheur laiteuse, avec quelques rares petits poils jaunes. Seule, sur le côté gauche, au-dessus de la ceinture, une tache sombre s'étalait ; une tache de naissance, large comme le creux de la main, sur laquelle la vieille femme attarda un regard attendri.

— Comment se fait-il que vous soyez ici ? redemanda Gabriel tout en enfilant les jambières de son pantalon de toile bleue.

Mademoiselle Camille ouvrait la bouche pour répondre quand le garde claqua le capot de sa bagnole pour annoncer de sa grosse voix de basse :

— J'ai le delco qui déconne.

Il avait vraiment l'air soucieux et, apparemment, il avait toujours les idées dans le moteur de son véhicule. Après avoir tendu une main maculée de cambouis à Gabriel, il sembla se rappeler la raison de sa venue :

— Gabriel, j'ai un pli pour toi. Faut que tu signes l'accusé de réception.

Sans attendre qu'on le lui propose, le représentant de la loi s'assit alors sur le banc, les deux coudes sur la table. Gabriel comprit qu'il ne partirait que lorsqu'il aurait bu au moins deux verres de vin blanc. Il s'empressa donc de le satisfaire pour rester seul avec mademoiselle Camille.

— Alors, comment se fait-il que vous soyez venue me voir ? questionna-t-il pour la troisième fois.

La vieille demoiselle qui venait de s'asseoir sur le banc à la place du garde, eut un petit air malicieux que Gabriel ne remarqua pas, avant de répondre :

— Eh bien ! Tout simplement parce que François Dumoutier, notaire à Pouay-les-Étangs, mais aussi mon filleul, m'a dit : « Marraine, j'ai à faire à l'île de Ré, si tu le veux bien, je serais ravi de t'y emmener. »

— Il a eu une bonne idée, le notaire.

Mademoiselle Camille acquiesça d'un sourire discret avant d'ajouter :

— Il ne faut surtout pas que je vous empêche de lire votre courrier.

— C'est vrai. Je l'avais oublié. Mais avant je vous offre un petit verre de vin blanc bien frais.

La vieille fille eut un geste de défense :

— Alors, juste une petite goutte.

Pendant qu'elle humectait le bout de ses lèvres dans son verre, elle observait discrètement son vis-à-vis lisant la lettre qu'il venait de recevoir. Ses yeux ronds et sa bouche ronde dans son visage tout rond lui rappelaient le jeu de passe-boules avec lequel elle et son frère jouaient quand ils étaient enfants.

— Ça alors ! C'est justement maître Dumoutier qui m'écrit. Il me demande d'être demain à onze heures à l'auberge de la Marée pour traiter d'une affaire me concernant.

Il était vingt et une heures quarante-cinq quand Gabriel Ritoux arrêta sa Mobylette devant la maison de Malvina Groubert. Celle-ci l'attendait depuis un moment déjà, bien qu'elle eût passé beaucoup de temps à se maquiller devant la glace de l'armoire, l'unique miroir de sa maison. Malgré tout — stratégie bien féminine — elle fit semblant de ne pas être prête, histoire de le faire attendre un peu.

Enfin, à dix heures, assise en amazone sur le porte-bagages qui lui meurtrissait son fessier osseux, cramponnée à la taille du conducteur pour ne pas tomber, ils prenaient tous deux la direction de la cabane de Gabriel où celui-ci avait déjà préparé son matériel de pêche.

Pour ne pas respirer les gaz d'échappement qui remontaient vers elle, Malvina jeta la tête en arrière. La pâle lueur du dernier réverbère éclaira un instant la nuque épaisse de Gabriel, entre son col de chemise et sa casquette. L'espace de ce court instant, elle revit la grosse main de l'Écossais et son geste tranchant, meurtrier. Puis aussitôt ce fut la nuit envahissante et les étoiles dans le ciel. Malvina s'empressa d'oublier la main qui demain... Schlack ! Pour le moment, elle était redevenue la petite fille qui partait à la pêche. Il n'était plus question de temps. Plus question d'argent. Elle n'avait plus d'âge et n'avait besoin de rien, que de retrouver des sensations depuis des décennies oubliées.

Une ornière ensablée dans le chemin tortueux faillit les faire chavirer. Instinctivement, elle se cramponna un peu plus à la taille de Gabriel, qui n'avait pas pipé depuis le départ, et colla sa tête entre ses deux omoplates. À l'odeur du moteur vint se mélanger une odeur de savon de Marseille. Malvina ferma les yeux.

— Déjà ! s'exclama-t-elle, quand après dix minutes de trajet, Gabriel arrêtait son véhicule devant chez lui.

— On va passer par la plage, parce que par la falaise, la nuit, si on glissait, on pourrait se briser les vertèbres, avertit Gabriel, alors que, le panier sous le bras, il s'apprêtait à partir.

— Je vous suis, répondit laconiquement Malvina à Gabriel qui déjà se dirigeait vers la côte.

Elle s'empressa de lui emboîter le pas, surprise de reconnaître au creux de ses entrailles, cette petite appréhension qu'elle avait enfant, à l'instant d'affronter ce monde mystérieux de la mer et de la nuit.

Gabriel marchait à grandes enjambées devant elle. Elle distinguait à peine sa silhouette trapue qui se détachait dans la nuit sans lune. Il donnait l'impression de l'avoir oubliée, se contentant de prévenir sans se retourner :

— Attention à gauche ! Il y a un trou... Attention ! Là, ça glisse... Attention là à ne pas buter...

Alors, elle ouvrait un peu plus grand les yeux à la recherche du trou, de l'obstacle invisible, et crispait un peu plus ses orteils dans ses spartiates en plastique.

Coutumière du bitume poisseux des quais de gare, elle avait perdu l'habitude de marcher dans un milieu aussi inhospitalier où l'obscurité ne s'estompait que pour faire place à des ténèbres encore plus inquiétantes. À chaque pas, elle se tordait les chevilles sur un rocher pointu hérissé d'huîtres tranchantes, glissait sur des fucus gélatineux, se cognait à un caillou tapi sous une flaque d'eau à l'allure innocente, mais les dents serrées, elle s'évertuait à ne pas se laisser distancer par la forme sombre de Gabriel qui, devant elle, se jouait des difficultés et continuait d'avancer à grands pas.

— On y est, dit-il enfin.

Quelques instants plus tard, elle goûtait sous ses pieds la douceur confortable du sable. Ils étaient parvenus au Banc des Revenants qui avançait comme une écharde pointue dans le flanc de l'océan. La mer, calme cette nuit-là, venait y échouer ses vaguelettes dans un bruit mouillé de langue que pas un souffle de vent ne perturbait. Quelques goélands, dérangés dans leur pause nocturne par la venue de ces deux intrus, s'envolèrent lourdement pour disparaître aussitôt dans la nuit. À l'horizon, le phare de Chassiron inlassablement balayait le ciel de son grand faisceau lumineux.

C'est dans une sorte de petite crique de pierre et de sable semblable à une bouche ouverte d'où jaillissait la langue pointue du Banc des Revenants que Gabriel s'apprêtait à poser ses palangres. Là venaient tournoyer, lors de la pleine mer, du plancton en suspension, des milliers de petites algues colorées et de minuscules crustacés transparents amenés par le courant. Un véritable garde-manger pour les mulets et les bars agiles et voraces, aussi bien que pour les soles et les plies tapies sous le sable.

Après avoir posé avec précaution sa boîte d'appâts, Gabriel entreprit de dérouler ses lignes armées d'hameçons :

— Vous ferez attention, un peu plus loin à gauche, il y a un grand trou. Ça date de la guerre, m'a dit autrefois le Grand Bébert. Une bombe que les Ricains destinaient à la base sous-marine de La Pallice. Il y en a plein, des trous comme ça, dans le coin. On peut pas dire qu'ils visaient juste, les Amerloques ! remarqua Gabriel en rigolant.

Il avait à peine terminé sa phrase que la sérénité de la nuit fut rompue par un gros « plouf ». Dans la seconde qui suivit, il entendit crier au secours.

Laissant tomber ses palangres et chavirant dans sa précipitation sa boîte de vers, Gabriel courut en direction des appels à l'aide.

— Merde de merde ! C'est tout ce qu'il trouva à dire en apercevant alternativement la tête puis les bras de Malvina qui émergeaient par intermittence au milieu d'une large cuvette d'une dizaine de mètres de diamètre, vestige de la Seconde Guerre mondiale.

Affolé, il regarda tout autour de lui. Pas la moindre épave de bois à jeter pour lui venir en aide.

— Au secours ! Au secours ! Je ne sais pas nager ! hurlait Malvina en crachant de l'eau.

— Attrapez ma liquette, je vais vous déhaler au sec !

Gabriel lança sa chemise comme on lance une corde, sans lâcher l'extrémité d'une manche. Mais Malvina était un mètre trop loin.

Sans hésitation, il enleva son pantalon, et recommença la même opération. Mais le pantalon aussi était trop court. Alors, Gabriel se jeta à l'eau.

Un quart d'heure plus tard, silencieux dans la nuit tiède, le souffle encore court, tous deux se remettaient lentement de leurs émotions, allongés sur le sable, les yeux tournés vers les étoiles.

Malvina rompit le silence de la nuit à peine troublé par le chuintement d'une minuscule houle frangée d'écume qui clapotait gaiement sur le versant du Banc, à deux pas d'eux.

— Je vous dois une fière chandelle. Heureusement que vous saviez nager ! fit Malvina à la fois admirative et reconnaissante.

Gabriel se redressa brusquement sur un coude pour regarder sa voisine. Elle devina ses petits yeux tout ronds éternellement interloqués :

— Moi ? Mais j'sais pas nager !

— Non !

Et tous deux furent pris d'un long fou rire nerveux qui ne cessa que lorsqu'ils sentirent la mer montante leur lécher les pieds.

— J'ai froid. Ramenez-moi vite chez moi, déclara Malvina, alors qu'ils parvenaient sur la fameuse parcelle 19.

— Attendez, je vais d'abord vous donner des vêtements secs.

En caleçon, car son pantalon et tout son matériel de pêche avaient été emportés par la marée, il se dirigea vers sa cabane, une lampe à pétrole à la main. Il revint tenant un gros pull marin et une culotte de toile.

Tandis que Malvina enlevait ses vêtements mouillés, Gabriel, le dos discrètement tourné, faisait mine de chercher, dans un tiroir, un couteau pour remplacer celui disparu en mer.

— Gabriel !

Gabriel se retourna. Malvina était juste derrière lui, entièrement nue, son corps frôlant presque le sien. Elle faillit s'esclaffer en voyant l'air ébahi que reflétait le visage bon enfant de son sauveteur.

— Oh ! fit-il.

Mais, sans lui donner le temps d'en exprimer davantage, elle joignit tendrement ses deux mains derrière la nuque de Gabriel — la nuque que dans moins de vingt-quatre heures l'Écossais allait briser — et collant son corps encore mouillé contre le sien, elle écrasa sa bouche sur la sienne.

Quand le soleil réveilla Gabriel, il fut un certain temps à se demander pourquoi il était enveloppé dans une couverture à même la dune, parmi les oyats, face à la mer et pourquoi il était complètement nu et non pas en caleçon et en tricot, son habituelle tenue de nuit. Puis les souvenirs lui revinrent et un grand sourire béat illumina ses traits qui portaient, incrustés dans la graisse de ses joues, l'empreinte des herbes salées écrasées sous son poids :

— C'est pas vrai ! C'est pas vrai ! répéta-t-il.

Il n'en revenait pas d'avoir passé la nuit avec une femme. Il y avait tellement longtemps que cela ne lui était pas arrivé qu'il en avait perdu l'habitude et l'envie. Blotti dans la chaleur de sa couverture, il ferma les yeux pour se remémorer les quelques heures passées en compagnie de Malvina et il eut à nouveau le besoin de la prendre dans ses bras.

— Tu es là, Malvina ?

Mais Malvina était repartie, sans bruit, aux premières lueurs du jour.

C'est en se dirigeant vers ses cabinets dont la porte toujours entrouverte semblait l'inviter, que Gabriel se souvint qu'il avait rendez-vous à onze heures avec maître Dumoutier.

Alors que Gabriel se consacrait à ses ablutions matinales à l'eau fraîche du puits, Malvina venait juste de s'endormir après s'être tournée et retournée mille fois sur le sommier grinçant de son vieux lit bateau. Les événements qu'elle venait de vivre l'avaient empêchée de trouver le sommeil. Ce n'est pas tellement le fait d'avoir failli se noyer qui l'avait tenue éveillée. Tout au long de sa dure existence, elle avait pris suffisamment de douches froides de toutes sortes. Cette noyade manquée n'était qu'une douche froide de plus. Mais c'était bien la première fois qu'un homme risquait sa vie pour elle.

— Il s'est jeté à l'eau pour moi. Sans même savoir nager ! ne cessait-elle de se répéter.

Les yeux grands ouverts dans l'obscurité de la chambre, son regard s'arrêta alors sur une petite étoile, toute palote, qui semblait lui faire des clins d'œil par une des planches défaites d'un des volets délabrés.

— C'est peut-être elle, ma bonne étoile ? se demanda Malvina.

Sous la couverture sentant la moisissure, sa maigre poitrine se gonfla :

— Depuis le temps que je l'attends, peut-être qu'elle est enfin venue au rendez-vous, ajouta-t-elle en soupirant. Et elle sourit en pensant à Gabriel : « On voit bien qu'il n'a pas dû faire souvent l'amour. Mais moi ? Moi, depuis quand ne l'avais-je pas fait, l'amour ? Est-ce qu'on pouvait appeler amour ce qu'Edmond me faisait en un quart d'heure, tous les samedis après-midi, avant d'aller retrouver ses copains ? »

En évoquant ses relations sexuelles avec son mari, son visage eut une grimace de douleur, comme si elle ressentait encore des meurtrissures dans son corps. Elle secoua la tête de droite et de gauche, pour chasser les images insupportables qui lui revenaient à l'esprit. Fermant les yeux, elle préféra penser aux quelques heures où, allongés tous deux sur la dune, avec la nuit comme ciel de lit, ils étaient restés blottis dans les bras l'un de l'autre. « Ce n'cst peul-être pas un champion pour faire la chose, mais quelle tendresse ! », se disait-elle en pensant au moment de sublime extase pendant lequel ils étaient demeurés enlacés, immobiles et silencieux, osant à peine se caresser du bout des doigts, s'effleurant juste du bout des lèvres. Elle revoyait son visage tout près du sien, et dans l'obscurité, elle devinait ses petits yeux ronds. Ils exprimaient encore plus de douceur que tout son corps rondouillard contre lequel pourtant, le sien, bien trop maigre, savourait la rassurante chaleur qu'il prodiguait. Elle avait beau chercher parmi les brèves étreintes qu'elle avait pu connaître, aucun homme ne lui avait apporté un tel moment de bonheur. « Lui, au moins c'est un homme. Un vrai ! Un homme qui n'a pas eu peur de se jeter à l'eau pour moi. Un dur enveloppé de douceur ».

Malvina ferma les yeux pour tenter de retrouver la chaude et réconfortante présence de Gabriel. Quand son imagination le colla contre elle, elle blottit sa tête contre son épaule blanche et dodue, aux muscles cachés sous la graisse et bien vite, enfin elle s'endormit.

Il était onze heures moins dix quand Gabriel Ritoux posa sa Mobylette contre la digue, en face de l'auberge de la Marée où il avait rendez-vous. Il était un peu intimidé de pénétrer par la grande porte, mais lorsqu'il aperçut mademoiselle Camille derrière les rideaux du salon de l'établissement, rassuré, il entra sans hésiter. À côté d'elle était assis un homme d'environ quarante-cinq ans qui portait avec élégance un costume trois-pièces gris anthracite.

Mademoiselle Camille se leva et tendit son museau ridé à Gabriel qui l'embrassa de bon cœur.

— Monsieur Gilbert Ritoux, je présume ? Maître Dumoutier, fit le notaire debout et la main cordialement tendue.

Gabriel Ritoux remua sa casquette de toile et bredouilla quelque chose qui pouvait vouloir dire : « enchanté ».

— Eh bien ! Il ne nous reste plus qu'à attendre monsieur Pierre Poulacre, constata le notaire en se frottant les mains.

Cinq minutes plus tard, celui qu'on attendait fit son apparition, flanqué de son Doudou. Dès qu'il reconnut Gabriel Ritoux, dans la lumière tamisée du salon, son visage se transforma, exprimant autant la stupéfaction que le déplaisir. Avant même de saluer le notaire et mademoiselle Camille, il demanda :

— Mais, qu'est-ce que vous fichez là ?

Comme à son habitude, Gabriel Ritoux balbutia :

— Moi ? Ben… Je sais pas, mais on m'a demandé de venir.

— C'est moi-même qui l'ai convoqué, précisa le notaire.

Exhibant une moue d'enfant contrarié, Pierre Poulacre se laissa tomber dans un fauteuil, les bras pendant de chaque côté des épais accoudoirs, jusque sur la moquette. Edward Arthymore s'était empressé de faire glisser sur le plancher encaustiqué un épais pouf de cuir afin de s'asseoir près de son ami. Jambes haut croisées et kilt découvrant le genou, il contemplait le notaire en se disant qu'il était encore plus beau que celui de La Rochelle.

Maître Dumoutier sourit à chacun de ses vis-à-vis pour s'assurer que tous étaient prêts à l'écouter et commença après avoir claqué dans ses mains :

— Eh bien, messieurs, voilà l'objet de notre petite réunion. Plutôt que de vous demander de venir à mon étude, j'ai profité d'une affaire que j'ai à traiter dans l'île, pour vous faire part du contenu d'une lettre que m'a remise, il y a trois semaines, mademoiselle Camille Renaud, ici présente.

À l'énoncé de son nom, mademoiselle Camille se trémoussa dans le creux de son fauteuil. Pierre Poulacre qui l'avait ignorée jusqu'à présent la mitrailla du regard. Quant à Gabriel, il fut tout surpris de découvrir que mademoiselle Camille pouvait aussi avoir un nom de famille.

Après avoir à nouveau regardé ses interlocuteurs, les uns après les autres, le notaire enchaîna :

— Il s'agit d'un testament olographe…

— Un quoi ? questionna Gabriel.

— Un testament olographe, c'est-à-dire un testament écrit entièrement par la main du testateur, en l'occurence, celui-ci a été écrit par monsieur Clotaire Poulacre, votre père, précisa maître Dumoutier en se tournant vers Pierre Poulacre.

— Mon père ?

— Exact. Il n'y a aucun doute à ce sujet. Nous avons fait comparer l'écriture de ce document avec tous ceux que votre père avait eu l'occasion de rédiger au temps où mon père était le notaire de l'étude qu'il m'a cédée. Indubitable ! C'est bien monsieur Clotaire Poulacre l'auteur de ce testament. De plus, chacune des pages est paraphée par mademoiselle Camille Renaud ici présente et par monsieur Bornion, alors maire de Pouay-les-Étang, décédé depuis.

— Et comment cela se fait-il qu'il ne soit ouvert qu'aujourd'hui, ce testament ? questionna le fils Poulacre, sur un ton soupçonneux.

Le notaire allait répondre mais mademoiselle Camille s'agita et fit entendre sa petite voix fêlée par le poids des années :

— Votre papa m'avait priée d'attendre trois ans après sa mort avant de le confier à maître Dumoutier…

Elle fit une pause et ajouta en baissant les yeux :

— Et puis, je l'avoue, je l'avais oublié. Heureusement que l'autre jour, il m'a pris l'envie de ranger mes tiroirs… C'est comme ça que je l'ai retrouvé.

Mademoiselle Camille eut un grand sourire, l'air à la fois soulagé et confus d'une petite fille qui vient d'avouer un péché de gourmandise.

— Et qu'est-ce qu'il dit, ce testament ? demanda Pierre Poulacre dont l'inquiétude avait perlé son front de sueur.

— Mais cher monsieur, nous y venons tout de suite.

Le notaire toussota discrètement dans le creux de sa main pour s'éclaircir la voix, et lut :

« Je, Clotaire Poulacre, sain de corps et d'esprit, en présence de mademoiselle Camille Renaud qui fut pendant quarante ans la secrétaire de confiance de mon père ainsi que la mienne, en présence également de mon ami monsieur François Bornion, maire actuel de Pouay-les-Étangs, ai décidé de ce qui suit :

« Étant donné que la minoterie du Vieux Moulin fut créée par mon père dans les années 1920, qu'il y consacra une grande partie de sa vie pour la faire fructifier et que j'y ai moi-même consacré tous mes efforts pour la mener à ce qu'elle est devenue aujourd'hui, étant donné qu'elle est le symbole familial que je souhaite passer à mon fils afin qu'il perpétue à ses descendants l'esprit professionnel et l'amour du travail hérité de mon père, s'il advenait que dans les trois ans qui suivront ma mort, mon fils Pierre, auquel je lègue la minoterie du Vieux Moulin, décidait de vendre celle-ci, cette vente ne pourrait être que la conséquence d'une mauvaise volonté ou d'une incompétence de sa part. En foi de quoi, dans ce cas-là, je le priverais à dater du jour où il aura cédé l'entreprise familiale, de la moitié des différents capitaux et revenus bancaires dont la liste est jointe à ce testament et le déshériterais pareillement de mon terrain situé au Peu des Corbaigeaux situé à l'île de Ré…

— De quoi ? Ce n'est pas possible ! C'est une machination ! Ce document est un faux ! s'écria Pierre Poulacre.

Comme mu par un ressort, il s'était levé précipitamment et piétinait et gesticulait, rouge de colère, postillonnant et tapant du poing sur la table. Edward Arthymore eut mille peines à le faire rasseoir. Quand il eut retrouvé en partie son calme, le notaire lui demanda poliment :

— Vous permettez que je continue ?

Comme affaibli par la crise qu'il venait d'avoir, Pierre Poulacre répondit par un faible signe affirmatif de la tête.

… Pour donner la moitié de mes capitaux et leurs revenus ainsi que la totalité de mon terrain situé au Peu des Corbaigeaux à celui que j'ai toujours aimé comme un fils : Gabriel Ritoux.

— Hein ?…

Sur le visage à l'air toujours ébahi de Gabriel se lut l'incompréhension la plus totale. Sa face toute ronde semblait descendre directement de la lune. Il pointa sur sa large poitrine son gros doigt sous l'ongle duquel restait toujours un peu de vase séchée :

— … Qu'est-ce qu'il dit, le Tonton Clotaire ? Vous voulez répéter ? J'crois que j'ai pas bien compris. C'est bien de moi qu'il parle ?

Le notaire relut donc.

Les bras croisés sur son ventre rebondi, les yeux tournés vers le plafond, Gabriel donnait l'impression de n'avoir toujours pas compris ce qui lui arrivait. Seules ses lèvres bougeaient. Il relisait dans sa tête la dernière phrase prononcée par le notaire. En face de lui, Pierre Poulacre, l'œil noir de colère parlait à l'oreille de son ami. À voir les gestes tranchants qui agitaient ses bras, il était facile de deviner qu'il ne lui parlait pas d'amour mais plutôt d'un projet de contre-attaque.

Les deux homosexuels avaient quelque peu oublié mademoiselle Camille, toute petite, presque engloutie dans le creux de son fauteuil, et lorsqu'elle fit entendre sa petite voix, leurs regards se tournèrent vers elle, comme surpris qu'elle soit encore là :

— Il est certain que Clotaire aimait Gabriel comme son fils. Je crois même pouvoir assurer qu'il était son fils, mais cela Clotaire ne l'a jamais su. Et sans doute que la mère de Gabriel n'était pas très sûre du géniteur de son enfant, remarqua timidement la vieille demoiselle. Personne ne l'a su. À part moi, peut-être…

Pierre Poulacre se leva à nouveau brusquement, furibond :

— Vous n'allez tout de même pas prétendre que ce clochard est mon demi-frère !

Toujours sur ce ton fêlé qui obligeait à prêter l'oreille, l'ancienne secrétaire de deux générations de Poulacre avança du bout de ses lèvres presque aussi blanches que ses cheveux :

— Je ne prétends pas. Je le crois. C'est tout.

Les trois autres personnes présentes crurent que Pierre Poulacre qui dominait de toute sa taille mademoiselle Camille, allait la cramponner par son chignon, mais il se contenta de l'apostropher impoliment :

— Qu'est-ce qui vous fait croire à de telles sornettes ? Vous étiez sa maîtresse, vous aussi ? Il vous a fait des confidences sur l'oreiller ?

L'invective donna du rose aux joues de la vieille demoiselle. Elle redressa sa petite taille et regarda Pierre Poulacre droit dans les yeux :

— Jeune homme, sachez que je n'ai jamais été la maîtresse de votre père. Mais j'ai été beaucoup plus. J'ai été à la fois sa mère et sa grande sœur. En un mot, sa confidente chez laquelle il venait pleurer des nuits entières quand il s'était vu refuser par votre mère le droit d'aller embrasser le petit enfant que vous étiez alors.

Bouche ouverte, Pierre Poulacre ne trouva rien à répliquer. Lentement, il se rassit dans son fauteuil.

Edward Arthymorc, qui n'avait rien dit jusqu'à présent, vola au secours de son ami :

— Mais cela ne prouve pas qu'il était le père de cet individu assis en face de nous. Vous avez même dit que le père de mon ami ne le savait pas lui-même.

Mademoiselle Camille ne répondit pas tout de suite. Elle prit le temps de tirer sur le bas de sa robe grise qui avait failli dévoiler ses genoux recouverts de gros bas de fil et, baissant les yeux, elle donna l'impression qu'elle allait dévoiler un péché mortel :

— Quand Clotaire dormait chez moi, dans la petite chambre d'amis qui était devenue la sienne, je le voyais, le matin, allant torse nu chercher de l'eau à la pompe du jardin, car je n'avais pas de salle de bains.

Elle se tut à nouveau. En l'observant du coin de l'œil, le notaire devina que sa marraine était partie dans un voyage à contre-courant du temps, sur le chemin des souvenirs. Ses yeux souriaient tendrement au beau Clotaire, lui qu'elle avait toujours aimé en silence et à cause duquel jamais elle ne s'était mariée.

Bien qu'il fût pressé de régler cette affaire d'héritage, par affection pour sa vieille marraine, maître Dumoutier se retint d'intervenir, soucieux de ne pas perturber le passé de cette femme pour laquelle il avait beaucoup de respect et de tendresse.

Se ressaisissant, elle haussa la voix pour déclarer fièrement :

— C'était un très bel homme, Clotaire. C'était un dur au cœur généreux. Le travail physique avait façonné son corps mais n'avait pas durci ses sentiments. On ne peut pas dire la même chose de vous, jeune homme, souligna mademoiselle Camille avec une petite lumière maligne dans les yeux…

Pierre Poulacre ne répondit pas. Il se contenta de rentrer la tête dans les épaules.

— … Je le revois très bien à sa toilette devant l'évier de pierre de la cuisine, pendant que je lui préparais le petit déjeuner. Je revois même — détail amusant — sur son côté gauche, juste au-dessus de la ceinture, la grosse tache noire, large comme le creux de la main, à cet endroit qu'il appelait — je vous prie d'excuser ma trivialité, messieurs, mais ce sont les mots qu'il employait — « ses poignées d'amour ».

Gabriel, à son tour, comme tout à l'heure Pierre Poulacre, se leva brusquement. Mais contrairement à ce dernier, il affichait ce grand sourire qui, à chaque fois, retroussait ses joues et cachait ses yeux sous ses épais sourcils :

— C'est amusant, j'ai exactement la même que Tonton Clotaire. Et, au même endroit ! s'exclama-t-il candidement.

Dans le même temps, craignant qu'on ne le croie pas, il déboutonna sa chemise et souleva le bas de son débardeur pour montrer les preuves de ses assertions.

Les regards des trois hommes convergèrent vers la tache de Gabriel, un peu perdue dans ses bourrelets au-dessus de sa ceinture.

Edward Arthymore grimaçait de dégoût devant ce qu'il trouvait être un étalage de viande grasse.

Pierre Poulacre, lui, écarquillait ses yeux globuleux qu'il ne pouvait détacher de la tache noire qu'exhibait fièrement Gabriel :

— J'ai exactement la même, laissa-t-il tomber dans un souffle.

Quant à maître Dumoutier, il n'avait toujours pas prononcé le moindre mot et se contentait d'écouter et de regarder d'un air circonspect.

À côté de lui, mademoiselle Camille, elle aussi, ne disait rien, mais elle avait du mal à dissimuler un petit air triomphant.

Enfin, le notaire prit la parole :

— Évidemment, c'est très troublant. Mais, juridiquement parlant ce n'est pas une preuve suffisante pour prouver que monsieur Gabriel Ritoux est bien le fils de monsieur Clotaire Poulacre…

— Ah ! J'espère bien, ne put s'empêcher d'interrompre Pierre Poulacre.

— Au plus pourrions-nous prouver par des analyses de sang que messieurs Poulacre et Ritoux sont demi-frères[1]. Mais de toute façon, cela ne changerait rien à l'esprit de ce testament olographe de monsieur votre père.

Le notaire se tourna vers lui :

— Monsieur Pierre Poulacre, selon mes renseignements vous avez bien vendu la minoterie créée par votre grand-père, deux ans cinq mois et huit jours après la mort de monsieur Clotaire Poulacre, si je m'en réfère aux actes qui m'ont été communiqués. Non ?

— Oui, c'est possible.

— C'est plus que possible, c'est certain. Donc, en respect des dernières volontés de monsieur votre père, monsieur Gabriel Ritoux, ici présent, hérite ce jour de la moitié de ses avoirs en banque et de la totalité du terrain situé au lieu-dit Le Peu des Corbaigeaux, c'est-à-dire des parcelles 19 et 20.

---

1. Remarque : à cette époque on ne parlait pas encore d'ADN.

Il s'ensuivit un long silence empli de déception du côté Poulacre fils, de stupéfaction émanant de Gabriel Ritoux et d'un bonheur serein s'échappant du fauteuil de mademoiselle Camille.

Maître Dumoutier regarda l'heure à sa montre et jugea qu'il avait le temps de préciser :

— Renseignements pris par mon étude auprès des services de la préfecture, je dois vous faire savoir, monsieur Ritoux…

Gabriel Ritoux sursauta :

— Ouais ?

— … Que les terrains que vous venez d'hériter sont en une zone décrétée par les services de la Protection du Littoral, en février dernier, zone non constructible.

Gabriel se donna une claque sur son estomac rebondi :

— Alors ça, j'en ai rien à fiche ! Moi, j'n'ai jamais eu l'intention de construire.

XII

IL ÉTAIT MIDI PASSÉ et Malvina Groubert dormait toujours. Elle ne s'était endormie que lorsque le jour commençait à poindre. La première heure de son sommeil l'avait transportée dans un rêve merveilleux, un rêve comme elle n'en avait pas fait depuis son adolescence. Elle était la mariée vêtue d'une splendide robe de dentelle blanche brodée de roses, blanches elles aussi. Sa longue traîne flottait derrière elle et la soulevait, comme une aile d'ange, au-dessus de la foule qui la regardait et s'extasiait tant elle rayonnait de grâce et de beauté. Quand les violons se mirent à jouer pour elle, le tourbillon de la valse viennoise l'emporta haut, très haut, très haut dans le ciel. C'est à ce moment précis qu'un moustique vint lui interpréter en solo sa musique suraiguë, juste dans les trous de nez pour la faire retomber brutalement dans la réalité, sur son vieux matelas.

Elle eut beaucoup de difficultés à se rendormir. Sans cesse lui revenait à l'esprit la menace de l'Écossais. Elle revoyait le geste tranchant de sa main et croyait entendre encore le bruit des petites cuillères tremblant dans les soucoupes. Il résonnait comme le tocsin dans sa tête.

— Non !

Malvina se retrouva assise toute droite dans son lit. Sa noyade manquée et ses allers et retours sur l'oreiller avaient fortement mis à mal sa mise en plis.

Le cœur battant à tout rompre, elle regarda autour d'elle et d'un seul coup, sa chambre avec ses gouttières au plafond, avec son plancher dévoré par les termites et ses volets prêts à tomber, lui parut fort accueillante. Beaucoup plus rassurants que son cauchemar où elle venait de lutter contre une espèce de monstre du loch Ness couvert de poils rouges et menaçant de ses grandes dents jaunes. Dans son sommeil tourmenté, elle s'était battue à grands coups de poing contre lui pour protéger Gabriel qui n'arrêtait pas de sourire béatement. C'est au moment où le monstre allait le soulever au-dessus de sa tête pour le précipiter du haut de la falaise qu'elle avait crié « non ! » et s'était réveillée, le souffle court et mouillée de sueur.

Machinalement, du bout des doigts, elle chercha son paquet de gauloises. Mais comme il avait failli se noyer avec elle, il n'était plus en état de faire de la fumée.

Après une toilette sommaire et un long maquillage, elle se dirigea vers le café de la Place.

Gabriel était assis à la terrasse et l'attendait avec son grand sourire candide qui coupait en deux le bas de sa figure ronde. Le même que dans le cauchemar de Malvina. En l'apercevant, elle se sentit mal à l'aise. Elle était encore sous l'emprise de son affreux rêve, et se dit en pensant à Arthymore : « C'est pour ce soir. »

Fait inhabituel chez Malvina, elle n'avait pas faim. Elle but rapidement un petit café après avoir à peine adressé un petit bonjour à Gabriel. En l'observant par-dessus sa tasse, elle lui trouva un air bizarrement hilare. « C'est sans doute parce qu'on a fait l'amour ensemble, la nuit dernière » se dit-elle. Il restait silencieux, et elle, qui avait des quantités de choses à lui dire, elle ne savait pas par où commencer. Peut-être par le cauchemar ?... Oui, c'est ça, le cauchemar. Ce serait une bonne entrée en matière pour lui avouer la suite.

— Tu m'emmènes chez toi ?

La question était parvenue à peine audible aux oreilles de Malvina. Peut-être parce qu'elle était perdue dans ses pensées mais surtout parce que Gabriel l'avait formulée d'une voix sourde.

Pour toute réponse, Malvina lui expédia un bref sourire. Elle était à la fois surprise et flattée qu'il ait envie de refaire l'amour avec elle. Mais ayant sans doute lu dans les pensées de celle qui était en face de lui, Gabriel devint écarlate de confusion et s'empressa de préciser :

— Parce que j'ai beaucoup de choses à te dire.

Bien qu'un peu déçue, Malvina répondit :

— Ça tombe bien, moi aussi.

La semi-obscurité de l'étroit couloir donna un peu d'audace à Gabriel. À peine la porte refermée derrière eux, il prit timidement Malvina dans ses bras. Quand leurs yeux furent habitués à la pénombre, elle put deviner son regard qui la contemplait. Elle y lut une si grande tendresse qu'elle en fut perturbée au plus profond d'elle-même. La nuit dernière, sous les étoiles, elle avait surpris cette même douceur dans ses yeux bleus. C'était bien la première fois qu'un homme la regardait de la sorte. Au lieu de trousser sa jupe, de balader des mains avides sur son corps, comme le faisait tous les samedis après-midi son mari, du bout des doigts il caressait son visage et ses cheveux :

— T'es belle, murmura-t-il à son oreille.

Il le pensait tellement que Malvina le crut.

Quand enfin leurs bouches se rencontrèrent, c'est Malvina qui murmura :

— Viens !

Ils étaient allongés depuis près de deux heures sur le lit dont l'unique couverture était tombée sur le plancher. Silencieux et étonnés autant l'un que l'autre de ce qui leur arrivait, ils fixaient le plafond sans même voir les planches pourries qui laissaient filtrer la lumière. Tous deux pensaient trop intensément et n'osaient rien se dire.

Enfin, Gabriel se tourna vers Malvina pour entourer ses maigres épaules de ses gros bras à la fois musclés et potelés :

— J'ai une bonne nouvelle à t'annoncer.

Malvina n'était pas une habituée des bonnes nouvelles. Elle avait même appris à s'en méfier, se demandant toujours ce qui pouvait se cacher derrière. Mais, pour faire plaisir à celui qui la tenait serrée contre lui, elle ouvrit de grands yeux pour simuler un grand intérêt. Gabriel lui raconta donc son héritage.

— Mais alors, Poulacre, il n'a plus rien au Peu des Corbaigeaux ?

— Ben, non.

— Alors, il n'a plus besoin de t'expulser ?

— Ben, non.

— Et ses projets d'hôtel ?

— Y a plus de projets d'hôtel. Toute la zone du Peu des Corbaigeaux a été décrétée zone non constructible.

À ces mots, Malvina cacha son visage dans la large poitrine de son amant. Elle était la première surprise de constater que cela ne lui faisait rien que son terrain n'ait plus qu'une valeur de friche. Pourtant, pour la première fois depuis bien longtemps, elle sentit les larmes lui monter aux yeux. Mais ce n'était pas de chagrin ; c'était de joie qu'elle avait envie de pleurer, car si les terrains étaient devenus *non aedificandi*, les deux homos n'avaient plus aucune raison de vouloir trucider Gabriel.

Après avoir reniflé bien fort, elle plongea son regard dans les bons yeux de cocker de son amant. Elle était bien décidée : elle pouvait maintenant tout lui dévoiler :

— Il faut que je t'avoue quelque chose, commença-t-elle.

— Attends, je voulais juste te demander : c'est dimanche que tu pars ?

— Oui.

— J'sais pas pourquoi, mais j'ai comme l'impression que tu vas me manquer.

Malvina lui en voulut presque de dire cela. Il venait de lui enlever le courage de parler de toute cette machination montée contre lui dont elle était un des rouages. Elle ferma les yeux. Gabriel en profita pour embrasser ses paupières avant de demander :

— Et toi ? que voulais-tu me dire ?

Elle hésita un long moment avant de lui avouer à l'oreille :

— Je crois que je commence à être vraiment amoureuse de toi.

Dans cette chambre 31 de l'auberge de la Marée où il avait goûté, il y a quelque temps, le grand bonheur d'un amour retrouvé, Pierre Poulacre pleurait à chaudes larmes, tel un gosse gâté auquel on vient d'enlever son jouet.

Il fallut toute la diplomatie et quelques gestes tendres d'Edward Arthymore pour qu'enfin il essuyât ses yeux gonflés et son nez rouge. Après s'être mouché bien fort, il regarda son ami et, entre deux sanglots restés sur sa poitrine, il dit sur le ton d'un gamin qu'un gros chagrin étouffe :

— Tu comprends, moi j'avais rêvé de notre hôtel, face à la mer, toi et moi…

— Mais mon gentil Pierrot, rien n'est perdu.

— Si !

— À l'île de Ré peut-être, mais en Écosse, non.

Le regard de Pierre Poulacre eut la même lumière que celui d'un enfant auquel on parle de la venue du père Noël. Il se contenta d'ouvrir la bouche sans rien dire, mais son silence était suffisamment éloquent pour que l'Écossais continue :

— Il me reste en Écosse, sur les rives du loch Linghe, un vieux manoir venant de mes parents. Pourquoi n'irions-nous pas y monter une boîte de nuit ?

Cette proposition fit l'effet d'une bouée de sauvetage vers laquelle se précipita le naufragé du « Peu des Corbaigeaux » :

— Formidable ! Merveilleux ! N'importe où, mon Doudou ! Pourvu que ce soit avec toi.

L'Écossais répondit en découvrant ses grandes dents jaunes ce qui n'empêcha pas son ami de lui sauter au cou :

— L'ennui, si j'ai encore ce manoir, je n'ai plus l'argent pour le restaurer, admit Arthymore, l'œil sur la moquette.

— Mais ce n'est pas un problème ! Il me reste encore la moitié de l'héritage de mon père. Même la moitié, ce n'est pas une somme négligeable, exulta Pierre Poulacre.

Les propositions d'Edward Arthymore lui avaient, en un instant, regonflé le moral. Apparemment toujours intéressé par les dessins de la moquette, Arthymore laissa glisser d'une façon anodine entre ses grandes dents :

— Et il y a aussi les quarante briques que tu as données à cet épouvantail de femme.

— Tu veux dire, les quatre cent mille francs avancés à cette Malvina Groubert ?

— Exactement ! Elle n'a plus à faire le travail que nous lui avions demandé, et de plus, nous ne lui achetons plus son terrain... Donc, elle doit nous remettre l'argent.

Malvina contemplait la pièce sombre où ses grands-parents avaient vécu toute une vie difficile de pêcheurs-paysans. Elle revoyait sa grand-mère assise près de la cheminée, toute vêtue de noir, à l'exception de son tablier de toile bleue et de son fichu blanc qu'elle ne quittait jamais. Elle crut même entendre son grand-père raclant la semelle de ses sabots de bois sur le grattoir scellé dans le mur à l'extérieur de la porte, avant d'entrer avec une brassée de sarments sous le bras pour alimenter le feu au-dessus duquel pendait une marmite tout enfumée. La pauvreté les avait rendus durs envers eux-mêmes. « Et avec moi aussi », ajouta pour elle-même Malvina en se souvenant de l'herbe qu'elle devait aller chercher pour les lapins et des lourdes brouettes de varech qu'elle remontait de la côte alors qu'elle n'avait pas dix ans. Sans parler des nombreuses punitions et privations.

Toujours à la recherche des fantômes de son enfance, Malvina continua le tour de la pièce au sol de terre battue : les trois chaises, le buffet qui n'avait plus d'âge abritant quelques assiettes ébréchées, des casseroles bosselées et quelques plats en terre. Sur l'étagère du haut, du temps du grand-père, il y avait toujours plusieurs bouteilles d'eau-de-vie. Elles servaient à trinquer pour les grandes occasions et à désinfecter les plaies. Au souvenir de la brûlure que provoquait l'alcool sur ses blessures d'enfant, Malvina amorça un geste de recul et ressentit une vive douleur dans ses jambes et ses poignets. Mais cette douleur n'était pas l'objet de son imagination, c'était celle des liens avec lesquels Arthymore l'avait attachée à la chaise la plus valide.

De retour à la réalité, elle les entendait, lui et son acolyte, au premier étage, mettant à sac la chambre. Ils avaient déjà défoncé le matelas, brisé l'armoire, sondé les murs et fouillé entre le plafond et la toiture. Après avoir fait le tour de l'unique pièce et cassé les rares meubles, ils redescendirent voir Malvina. Pendant que l'Écossais allait explorer la cour, Pierre Poulacre, que la situation de sa prisonnière, attachée et bâillonnée, rendait téméraire, d'un revers de main frappa celle-ci au visage. Sous le choc, la tête de Malvina balança sur le côté. Elle sentit son arcade sourcilière se fendre, du sang couler sur son visage et elle ne vit plus rien de l'œil gauche :

— Tu vas le dire où tu l'as planqué, mon fric, vieille putain ?

De son œil droit, Malvina fixa méchamment son bourreau et lui trouva vraiment une gueule de C.R.S. des années 68. Elle maugréa derrière son bâillon quelques insultes inintelligibles, et de la tête fit signe que non.

Poulacre allait la frapper à nouveau quand Arthymore entra dans la pièce avec une brassée de bois sec pris dans la courette :

— Attends. Ne la tue pas déjà. On va d'abord lui réchauffer les pieds. Peut-être que cela lui rafraîchira les idées.

Heureux de sa plaisanterie, il découvrit ses grandes dents dans un rire chevalin. Malvina qui l'observait de son œil droit, se dit avec inquiétude qu'il ressemblait vraiment au monstre de son dernier cauchemar.

Très vite, le bois sec prit des allures de joyeuses flambées qui ressuscitèrent soudainement la pièce depuis de si nombreuses années sans âme et obscure comme un tombeau. Les flammes montaient haut dans le conduit, et l'épaisse couche de suie qui le tapissait s'illuminait de mille points incandescents qui auraient pu évoquer une nuit étoilée à un artiste assis confortablement devant le feu. Mais Malvina était peu encline à la poésie et surtout pas à l'heure présente. Pour ne pas penser à la torture qu'elle allait subir, elle essaya encore de se remémorer sa grand-mère, mais le geste brusque de Poulacre lui arrachant le chiffon qui l'étouffait à moitié l'empêcha de fuir la réalité :

— On te laisse encore une chance. Dis-moi où tu as caché mon pognon, lui hurla-t-il dans les oreilles.

Avec difficulté, car sa lèvre était fendue, Malvina articula :

— C'est mon fric. C'est pas le tien, pédé ! Tu me l'as donné pour acheter mon terrain. Ce n'est pas de ma faute si tu ne me l'achètes plus.

Excédé, Pierre Poulacre lui prit la chevelure à pleine main et lui tira la tête en arrière. « Ma belle mise en plis, il est en train de finir de me la défaire », s'efforça de penser Malvina dont le visage était déformé par la douleur.

— Une dernière fois, où l'as-tu planqué, mon fric ?

Il allait à nouveau la frapper quand, Arthymore, très calme et très maître de lui, arrêta son geste :

— Non, Pierrot, tu sais bien qu'il ne faut pas frapper les dames. Même pas avec une fleur, a dit le poète. Regarde, les braises sont prêtes pour les grillades. Aide-moi plutôt à approcher du feu ce morceau de viande maigre.

Après lui avoir remis son bâillon, ils s'apprêtaient à soulever la chaise sur laquelle était attachée Malvina quand ils furent brusquement arrêtés dans leur élan par une voix féminine surgie, comme par miracle, derrière eux :

— Bonjour, messieurs ! Compliments ! Quelle belle flambée vous faites là, s'exclama-t-elle, admirative.

En entendant cette entrée en matière digne du meilleur monde, Malvina fut persuadée qu'elle devenait folle. « Ils m'ont cognée trop fort, les salopards ! » pensait-elle en croyant avoir reconnu les intonations de sa cousine Lucienne.

Les deux homos n'avaient pas bougé, figés dans l'expectative la plus complète. Poulacre était prêt à fuir, Arthymore prêt à assommer cette intruse.

Peut-être parce que ses yeux non habitués à la pénombre de la pièce n'avaient pas aperçu Malvina, la nouvelle venue continua :

— Je me suis permis d'entrer car la porte était entrouverte. J'ai pensé que ma cousine pouvait se trouver là. Vous êtes de ses amis, sans doute ?

— Lucienne ! Qu'est-ce qu'elle fait là ? bougonna entre ses dents Malvina, sidérée.

Elle ne pouvait en croire ses oreilles. Dans le même temps lui revint la phrase qui semblait être la devise de sa cousine : « Tu sais, à notre âge, si on ne prend pas du bon temps… » Sous son bâillon Malvina eut un sourire amer.

— Va fermer la porte, je m'occupe de cette vieille folle, ordonna Arthymore froidement.

En deux enjambées, Pierre Poulacre traversa la cuisine. Il n'avait pas fait un pas dans le couloir, qu'il repartait sur les talons en marche arrière pour tomber les bras en croix sur le sol en terre battue, K.O.

À l'entrée de la cuisine, maintenant se tenait debout un homme de petite taille dont on pouvait deviner dans la demi-obscurité l'allure jeune et souple.

Il ne fallut qu'une seconde à l'ancien commando de la reine d'Angleterre pour analyser la situation. Il n'était pas du tout surpris que ce gringalet qui mesurait à peine plus d'un mètre soixante-cinq ait assommé son ami, mais lui en mesurait trente de plus et pesait un bon quintal. Confiant en sa force et en sa science du combat, en un éclair il fut sur le nouveau venu. En un autre éclair, il avait rejoint Pierre Poulacre dans un monde sans connaissance. Face contre le sol, bouche grande ouverte et l'œil vitreux, tous deux râlaient bruyamment à la recherche de leur respiration. Le kilt de l'Écossais, relevé jusqu'aux reins, découvrait le paysage vallonné d'un caleçon parsemé de jolies fleurettes rouges et bleues qui semblaient danser à la lueur des flammes.

— Bravo Luigi ! Vous avez toujours une sacrée forme ! exulta Lucienne tandis qu'elle se précipitait au secours de sa cousine.

— *Ma qué Madame, c'est zouste ouné simple applicationne dé mon entraînément zournalier,* répondit modestement Luigi avec son fort accent calabrais.

La soutenant de ses bras dodus, Lucienne aida Malvina à traverser la ruelle pour lui prodiguer chez elle les soins que nécessitait son visage tuméfié.

Pendant ce temps, toujours allongés sur le sol, Poulacre et Arthymore essayaient de reprendre contact avec la réalité. Devant eux la cheminée tournait à toute vitesse, dès qu'ils ouvraient un œil. Tout tournait, la fenêtre, la porte, le buffet, les chaises. Le premier, Arthymore voulut se lever, mais il retomba aussitôt, les jambes en flanelle dans ses chaussettes à pompons.

Soudain il y eut un craquement sinistre. Ils crurent que le toit de la maison s'effondrait sur eux et Pierre Poulacre amorça un geste pour essayer de trouver protection près de son ami. Mais ce n'était que le linteau de la cheminée qui s'ouvrait en deux. Déjà fendu depuis longtemps, il venait d'être victime d'une brusque dilatation due à l'intense chaleur dégagée par la flambée de bois sec.

Devant leurs yeux abasourdis, les deux hommes, toujours à demi inconscients, virent alors une boîte en fer-blanc tomber dans les braises et s'ouvrir, libérant le magot qu'ils recherchaient. En quelques instants, le temps qu'ils se tortillent vainement sur la terre battue pour tenter de se mettre debout, ils purent contempler les billets soulevés par l'air chaud monter en petites flammèches avant de redescendre en braises incandescentes sur les autres billets qui, à leur tour, s'envolaient en flammes. Très vite se fut un véritable bouquet d'étincelles, digne d'un beau 14 Juillet. Quand enfin, Arthymore put se mettre sur son séant et que son ami se retrouva assis sur le sol humide, le magot n'était plus que cendres fumantes.

XIII

ALLONGÉE SUR UN CANAPÉ MOELLEUX, un coussin douillet sous sa tête, enveloppée dans une épaisse couverture molletonnée fleurant bon la lavande, Malvina essayait de fixer, de son œil droit grand ouvert, les têtes qui se penchaient sur elle. Dans le brouillard qui les enveloppait et les faisait danser, elle crut reconnaître sa cousine Lucienne, Jane et l'homme qu'elle avait à peine entrevu tout à l'heure. Elle devinait bien que tous trois l'entouraient de bonnes intentions, et leurs paroles, qu'elle percevait indistinctement, étaient des paroles de réconfort, mais elle avait trop mal dans tout son corps et se sentait bien trop lasse pour faire l'effort de leur répondre.

Des efforts, elle en avait fait suffisamment tout à l'heure.

« Après tout, comme dit Lucienne, si on se donne pas du bon temps maintenant, quand est-ce qu'on en prendra ? » Cette phrase venait de surgir dans son cerveau embrumé. Alors, plutôt que de continuer à lutter pour rester lucide, elle préféra se laisser lentement glisser, tout en douceur, dans un évanouissement bienfaiteur.

Quelques gouttes de bourbon introduites de force dans sa bouche faillirent l'étrangler et la firent tousser mais la saveur brûlante de l'alcool lui rappela sa première entrevue avec Lucienne et lui fit deviner qu'elle se trouvait chez sa cousine. Elle voulut ouvrir les deux yeux, mais le gauche refusa, obturé par une forte inflammation et une compresse humide. Enfin, du droit, elle reconnut les trois têtes de tout à l'heure, toujours penchées sur elle.

— Tu nous as fait bien peur, tu sais, susurra Lucienne, sa main ornée de bagues posée sur son opulente poitrine.

— À nous aussi, avoua timidement Jane.

C'est à ce moment que Malvina, qui retrouvait progressivement ses esprits, s'aperçut que Jane, la demoiselle de compagnie de sa cousine, tenait par la taille le jeune homme qu'elle ne connaissait pas. Lucienne, qui avait suivi son regard, se crut donc obligée de faire les présentations :

— Luigi est un des deux gardes du corps de Walter, mon mari, et depuis peu, le petit ami de ma chère Jane. Comme j'aime les amoureux et que Luigi est en congé, j'ai voulu les emmener avec moi à l'île de Ré. Je ne le regrette pas, parce que sans lui, je ne sais pas ce qu'il serait advenu de toi…

Sous son teint basané de Rital du Sud, Luigi rougit comme une petite fille :

— Sans moi, *pétêtre,* mais aussi grâce à vous…

Il s'interrompit pour embrasser une petite médaille qui pendait à son cou :

— Et grâce à la *Madona,* s'empressa-t-il d'ajouter.

— Mais comment as-tu deviné que j'étais dans ma maison ? parvint à questionner Malvina dont les idées étaient de plus en plus claires.

— Oh ! tout bêtement. Nous venions juste d'arriver et descendions de voiture quand j'ai vu une grosse fumée et des flammes qui sortaient par le conduit de briques, au-dessus du toit. J'ai tout de suite pensé à un feu de cheminée et quand j'ai vu ta porte ouverte, je m'y suis précipitée. À ce moment-là, j'étais encore dans le couloir, j'ai vu deux hommes qui montaient au premier étage et je t'ai aperçue ligotée sur une chaise, dans la cuisine. Comme ils ne m'avaient ni vue, ni entendue, effrayée, je suis vite ressortie ; et avec Luigi nous avons rapidement mis sur pied ce petit stratagème. Je te jure que malgré les apparences, j'avais une peur terrible.

Malvina ne put répondre. Elle ferma simplement son œil droit pour dissimuler les larmes de reconnaissance qui sourdaient sous ses paupières. En même temps, en colère envers elle-même, elle s'en voulait de ce qu'elle pensait être une sensiblerie déplacée : « Qu'est-ce qui me prend ? Hier, j'avais envie de pleurer parce que Gabriel me faisait les yeux doux ; aujourd'hui, je chiale parce que ma cousine m'a sortie du pétrin. Ma parole, l'air de l'Île de Ré me ramollit. C'est grand temps que je retourne au turbin », se répétait-elle en se morigénant.

La voix un peu haute de Jane la libéra des diverses émotions qui l'étreignaient :

— Eh bien ! Maintenant que nous sommes rassurés sur votre sort, si vous le permettez, Luigi et moi nous allons faire un petit tour sur la plage.

Lucienne regarda le jeune couple. Les voir ainsi, se dévorant des yeux, lui rappelait sa jeunesse :

— Allez, les amoureux. Croyez-moi, on n'a que le bon temps que l'on se donne, alors ne le gâchez pas. Profitez de la beauté de l'île et de votre jeunesse. Pour ma part, moi je suis heureuse de rester seule avec ma cousine.

À peine sortis, les deux amoureux revinrent aussitôt et Jane prit la parole pour s'adresser à Lucienne :

— Luigi, conscience professionnelle oblige, a voulu voir ce qu'étaient devenus les deux agresseurs de votre cousine avant que nous partions nous promener. Eh bien ! Ils ont disparu. Ils ont même dû partir très rapidement de peur de brûler à leur tour, car la cheminée s'est effondrée sous l'action du feu…

Jane se tourna alors vers Luigi :

— Montre la boîte calcinée que tu as trouvée parmi les braises. À mon avis, c'est avec son contenu — de la poudre peut-être — que ces deux malfaiteurs ont tenté de mettre le feu à la maison, conclut Jane qui, bien qu'elle fût née dans Baker Street à Londres, n'avait rien de Sherlock Holmes.

Encore plus pâle que d'habitude, la mâchoire serrée, Malvina fixa longuement, de son œil valide, la boîte vide de la petite fortune qui avait alimenté ses rêves :

— Je suis fatiguée. Je crois que je vais dormir, finit-elle par dire.

Pendant plus d'une heure, immobile comme une morte, elle simula le sommeil, veillée par Lucienne qui ne cessait plus de tricoter depuis que son affreux caniche s'était fait écraser en fonçant, toutes dents dehors, sur le camion des pompiers.

— Lucienne, il faut que je te dise…

Lucienne tressaillit et sauta deux mailles du pull qu'elle tricotait :

— Oui ?

— L'autre fois, je t'ai menti…

Et Malvina raconta tout. Ou presque. Elle raconta son mariage raté avec Edmond le minable, ses fausses-couches, son appartement étroit en haut d'un H.L.M., son boulot de nuit, ses fins de mois pénibles, sa lutte dans des mouvements extrémistes pour la conquête d'un monde meilleur auquel désormais elle ne croyait plus…

À côté d'elle, Lucienne l'écoutait compatissante, la larme à l'œil, son double menton tremblotant sous les sanglots qu'elle avait de la peine à contenir. Elle en avait abandonné son tricot et pris son mouchoir pour se tamponner les yeux et se moucher fréquemment :

— Ma pauvre Malvina… Ma pauvre Malvina…

Lucienne éprouvait énormément de peine, mais sa tête était vide de mots pour exprimer tout ce qui gonflait son cœur.

Malvina continua. Maintenant, elle ne pouvait plus s'arrêter. Il fallait qu'elle extériorise tout ce qui depuis des années l'oppressait. Elle lui raconta donc comment un jour vint l'espoir d'une vie meilleure, avec cet héritage inespéré. Le rêve était enfin là, à la portée de sa main, prêt à se concrétiser.

Elle n'alla tout de même pas jusqu'à lui confier ses projets de complicité d'assassinat pour arriver à ses fins.

Lucienne, bonne spectatrice, jubilait et avait envie d'applaudir :

— Mais c'est merveilleux si ton terrain vaut une fortune ! Te voilà riche à présent.

Malvina se redressa un peu sur son coussin :

— Non. Détrompe-toi. Il a failli valoir une fortune. Mais, en vérité, il ne vaut pas un pet de lapin. Mon rêve, ce n'était que du vent. Mon rêve a été cassé par un bureaucrate, quelque part dans un bureau de la préfecture.

Le visage de Lucienne se décomposa. Ses traits s'affaissèrent. Elle qui n'aimait que les romans qui finissent bien, elle était déçcue. Mais Malvina n'en avait pas fini de raconter sa vie :

— Attends ! Ce n'est pas terminé. Une chose incroyable vient de m'arriver : je viens de tomber amoureuse. Tu te rends compte ? Moi ? À mon âge ! Et d'un gars qui a plus de dix ans de moins que moi !

Les traits épais de Lucienne se relevèrent aussitôt. Elle avait un cœur de midinette et se pâmait toujours pour les histoires d'amour, qu'elles soient en films, en feuilletons ou bien réelles. Elle se trémoussa dans son fauteuil, pressée d'en savoir davantage :

— Mais, c'est formidable, dis-moi vite !

De son œil droit, Malvina fixa le plafond et resta un long moment silencieuse, à la recherche de mots qu'elle ne trouvait pas. Finalement, elle dit :

— Il n'est pas beau. C'est un marginal, un peu clochard. Il ne sait pas faire de belles phrases. Il ne sait même pas faire l'amour, mais quand il me regarde, il y a tant de tendresse dans ses yeux que je crois que mon cœur va exploser.

— Mais, c'est formidable ! répéta Lucienne. L'amour n'a pas d'âge ; et tu sais, à notre âge, si on n'en profite pas, quand est-ce qu'on en profitera ? Hein ?

Malvina ne répondit pas.

— Où est-ce qu'il habite ?

— Tout près d'ici. Dans une cabane en bois, face à la mer, au Peu des Corbaigeaux.

Lucienne sauta sur ses pieds, tout excitée :

— Mais allons le chercher bien vite. Nous allons boire le champagne ensemble. Trinquer à votre bonheur.

— Non !

Le non de Malvina avait été si catégorique que sa cousine se laissa retomber mollement dans son fauteuil :

— Pourquoi ?

— D'abord, je ne veux pas qu'il me voie dans cet état, et surtout parce qu'il y a des choses que je devrais lui dire mais que je ne pourrai jamais lui avouer.

Malvina avait parlé avec des intonations si pathétiques dans la voix, que Lucienne n'osa pas la questionner davantage. C'est Malvina qui enchaîna :

— Demain, si tu le veux bien, tu me conduiras au bac.

— Mais tu as le temps.

— Je sais. Je n'embauche que dans une semaine, mais j'ai peur de rencontrer Gabriel. Il va sûrement venir demain pour me voir. Si tu entends une Mobylette dans la ruelle, ce sera sûrement lui. Tu lui diras que je suis partie et que je ne reviendrai plus dans l'île.

— Mais ta maison ?

— Ne m'as-tu pas dit un jour que tu étais acheteuse ? Sa vente me paiera quelques années de pension, quand je serai grabataire dans une maison de retraite de banlieue.

Maintenant Lucienne ne riait plus du tout. Elle pleurait à chaudes larmes.

Le lendemain, affublée de lunettes noires, Malvina montait dans le train qui arrivait à 22 heures 15 à Paris. En mettant le pied sur le quai de la gare, elle frissonna. Elle devait avoir de la fièvre. Une brume épaisse enveloppait les réverbères qui diffusaient une lumière blafarde. Entre deux taches d'ombre, dans la foule qui marchait devant elle, elle aperçut un grand gaillard avec une coupe de cheveux genre para, couleur carotte. Il était vêtu d'un kilt et de chaussettes à pompons. À côté de lui, elle n'eut pas de peine à reconnaître Pierre Poulacre. Prudente, elle ralentit le pas, pour laisser les deux acolytes disparaître dans la cohue.

Sa valise au bout de son bras, elle passa devant la salle d'attente des premières classes sans même penser à regarder les affiches tentatrices qui la décoraient. Un peu plus loin, elle croisa un groupe de femmes, en blouse bleuc, le seau et le balai à la main, la mine fatiguée. Elles se dirigeaient vers les wagons de première. Des collègues. Les mêmes que celles qu'elle allait retrouver gare du Nord, dimanche prochain, à minuit.

Comme un automate, elle monta dans le métro. Toujours comme un automate, elle marcha le long des trottoirs lugubres bordant les gratte-ciel pour smicards, puis grimpa marche après marche les six étages qui conduisaient à son appartement.

Exténuée, prête à tomber tout habillée sur son lit, elle alluma la lumière de sa chambre. Edmond y était déjà couché, nu avec la pocharde de l'étage en dessous :

— Te dérange pas. Je repars, fit simplement Malvina.

Elle descendit l'escalier encore plus péniblement qu'elle ne l'avait monté. Arrivée en bas, elle fouilla dans sa poche à la recherche d'une gauloise. Son paquet était vide :

— Ça tombe bien, je n'ai même plus envie de fumer.

Elle passa la nuit dans une aubette d'autobus, se demandant ce qu'elle allait faire des jours et des nuits à venir. Elle ne voulait plus retourner chez elle, dans son appartement miteux où n'étaient accrochés que des souvenirs sans valeur, comme Edmond, son pot de fleurs en plastique, sa Cocotte-Minute... Elle n'avait plus le courage de passer des nuits blanches à vider les cendriers et à secouer les couvertures, d'être le petit chef de cinq nanas qui n'avaient pas envie de bosser, d'être l'exploitée d'un patron qui menaçait chaque jour de la licencier... Elle n'avait plus le cœur d'assister aux réunions de ce parti d'extrémistes où se retrouvaient casseurs, utopistes et demeurés. Elle ne voulait plus rien. Rien ! Elle ne voulait même plus vivre.

Au petit matin, sa décision était prise. Elle voulait seulement retourner sur le Banc des Revenants. Elle irait la nuit prochaine, seule. Toute seule. Et cette fois, il n'y aurait personne pour la sortir du trou.

« Pourquoi m'en a-t-il sortie ? Ce serait déjà fait » se dit-elle en pensant à Gabriel.

Elle prit le premier métro destination gare d'Austerlitz, puis le premier train qui conduisait à La Rochelle. Arrivée dans la ville portuaire, elle ne se sentit pas capable, une fois arrivée dans l'île, de faire la route à pied. Elle était trop exténuée. Elle téléphona à sa cousine :

— Peux-tu venir me chercher au bac ?

À Sablanceaux, la D.S. de Lucienne était là qui l'attendait près de la gare des autobus. De la passerelle du débarcadère, elle vit sa cousine agiter joyeusement son mouchoir.

Malvina hocha tristement la tête : « Elle, au moins on peut dire qu'elle est née sous une bonne étoile. »

Bien qu'elle se fût juré de ne pas en parler, Lucienne ne put s'empêcher de lui dire, tandis qu'elles s'approchaient de la voiture :

— Tu sais, j'ai une bonne surprise pour toi.

Au même moment, Gabriel sortait du véhicule et se jetait au cou de Malvina.

Tandis qu'il l'embrassait fougueusement sous le regard attendri de Lucienne, Malvina, qui avait soudainement oublié le Banc des Revenants, se disait en caressant tendrement la nuque de Gabriel :

— Après tout, il y a des choses qu'il vaut mieux garder pour soi, si on ne veut pas gâcher son bonheur.

Lucienne qui observait, tout émue, dans le rétroviseur, Gabriel et Malvina serrés l'un contre l'autre sur le siège arrière de la voiture, les entendait parler tous les deux en même temps :

— Je t'emmène chez moi. Ce matin, j'ai pêché des soles. Je vais te préparer un festin de reine.

— Non, allons chez moi, la maison est plus grande, et j'ai une boîte de choucroute…

— Oui mais, chez toi, la toiture risque de nous tomber sur le dos et je n'aime pas les conserves.

Tout en conduisant, Lucienne se permit d'intervenir :

— Au sujet de ta maison, ma chère cousine, si tu as besoin d'argent pour les travaux, je peux t'en prêter sans problème.

Gabriel se redressa fièrement :

— Merci, mais ce n'est pas la peine. J'ai hérité suffisamment pour transformer une bicoque en palace.

Malvina s'approcha de lui :

— Alors si tu veux bien, chez moi ce sera notre résidence principale ; et chez toi, ce sera notre résidence secondaire face à la mer.

Les deux mains sur le volant, Lucienne en pleurait d'attendrissement. Les yeux brillants de larmes et la gorge serrée, elle jeta un œil dans le rétroviseur pour s'adresser à sa cousine :

— Alors là ! ma chère cousine, tu as bien raison. Parce qu'à notre âge, si on se donne pas un peu de bon temps, quand est-ce qu'on en profitera ?

Table des matières